Rolf Friedrich Schuett

Praxis ist Getue mit Prädikat

Verplemperte Zeit nennt sich schnelllebig

FSC
www.fsc.org
MIX
Papier aus ver-
antwortungsvollen
Quellen
Paper from
responsible sources
FSC® C105338

Rolf Friedrich Schuett

Praxis ist Getue mit Prädikat

Verplemperte Zeit nennt sich schnelllebig

Bibliographische Information Der Deutschen Bibliothek:
Die Deutsche Bibliothek verzeichnet diese Publikation
in der Deutschen Nationalbibliographie; detaillierte
bibliographische Daten sind im Internet abrufbar über
http://dnb.ddb.de

1. Auflage

Herstellung und Verlag :
BoD – Books on Demand, Norderstedt

Printed in Germany

ISBN 978-3-7543-3235-1

INHALT

Für Elke
in Liebe und Dankbarkeit

Berufsberatung

Wer Angst vor Erwachsenen hat
und nichts gelernt hat, wird Lehrer.
Wer nicht handelt, wird Kaufmann.
Wer zwei linke Hände hat,
wird Handwerker.

Wer immer Recht haben will,
wird Jurist. Wer so verrückt ist,
zum Psychiater zu gehen,
wird eben Nervenarzt.
Wer nicht dran glauben will,
wird Pfarrer, hienieden belohnt.

Wer seelische Probleme hat,
wird Psychologe und löst sie an andern.
Wer gesellschaftlich aufsteigen will
und nicht kann, wird Soziologe.
Techniker wird, wer Liebestechnik
nicht beherrscht und Mitmenschen
zu Mitarbeitern macht. Und
Sozialarbeiter bearbeiten Arbeiter.

Wer sich selbst nicht helfen kann,
wird Arzt. Wer gern kaufen würde,
wird Verkäufer. Wie die *Jobbies*,
so die Hobbys. Wer Geistesertüchtiger
nicht werden will, treibt Sport.

Wer sich selbst bewegen will,
fährt Automobil – und verreist,
wenn er nichts erleben möchte.
Wer keine Kultur will,
kauft reine Natur.
Wer nichts schaffen will,
wird kreativ und bastelt.

Wer sich nicht bilden will,
lässt sich ausbilden.
Wer nicht selbständig arbeitet,
hat seinen Brotberuf.
Wer nichts ändern will,
engagiert sich politisch.

Wer keine Bücher lesen will,
hört Musik – oder liest,
um nicht schreiben zu müssen.
Manche lesen Bücher, um
nie schwerere lesen zu müssen.

Wer geistige Nahrung scheut,
der kocht gern selber.
Wer nicht natürlich leben will,
arbeitet Feierabends im Garten.

Wer nicht leben kann,
wird Biologe. Philosoph wird,
wer nicht denken kann,
und wer unnatürlich lebt,
wird gern Physiker.

Und wer gar nichts werden will,
wird es mit großem Geschrei.

Recht auf eigene Meinung statt auf Wissen

Eine eigene Meinung hat mich.

Mach dir kein Bild von der Welt :
Ein Weltbild steht nur zwischen dir und der
Welt und trennt dich von ihr.

Wer gar keine eigene oder nur seine eigene
Meinung kennt, ist verrückt.

Ich bin der Meinung, nicht jeder habe das
Recht, seine Meinung frei zu äußern, er habe
eine ganz andere Meinung als alle anderen.

Die Menschheit zerfällt in zwei Gruppen:
Die einen geben Goethes Meinungen für ihre
eigenen aus und andere ihre eigenen Meinungen
für die Gottes.

Ich teile eure Meinungen,
aber in mehr Wider-Sprüche. '

Jeder soll heute seine eigene Meinung haben,
d. h. eine eigene Art zu irren.

Meine Meinungsfreiheit
ist Freiheit *von* Meinungen und *für* Dogmen.

Zivilcourage ist nicht Mut zur eigenen Meinung, sondern Wille zur objektiven Wahrheit.

Meinungen werden gern geteilt,
z. B. die Meinung des Chefs.

Demokratie ist die Freiheit, jede Meinung
(ver)äußern zu dürfen oder sich keine anhören
zu müssen.

Wer Wahrheit will und Sachlichkeit,
braucht keine eigene Meinung.

„Geistige Freiheit" verkam zum trotzigen
Recht, eine eigene Meinung zu vertreten, die
seit Jahrtausenden schlüssig widerlegt ist.

Die eigene Meinung ist hierzulande frei –
von Wahrheit(skriterien).

Geteilte Meinung ist halbe Deinung.

Der Zeitgeist betrügt das einzig *Wahre* mit der
eigenen Meinung, das *Gute* mit Vergütungen,
Schönes mit Färberei und *Heiliges* mit Diven.

Freiheit von Meinungen, Gleichheit
von Meinungen, brüderliche Teilung
der Meinungen – nie des Meinigen.

Mmmeinungsfreiheit 2000:
frei von Orient(ierung) und frei
für Massenwahn (wie Ökologismus).

Meinungsfreiheit ist für alle,
die nichts lernen wollen.

Ich teile eure Meinungen,
aber in mehr (Wider-)Sprüche.

Man muss auch den anhören,
der keine Meinung haben will.

Man zwingt uns zu eigenen Interessen, Wünschen und Meinungen, um uns zahlen zu lassen.

Meinungsfreiheit : Jeder darf alles fernsehen,
was gesendet wird.

Habe eigene Meinungen, aber begründe sie
mit öffentlichen Meinungen.

Gib keine Meinung von dir,
ohne eine bessere einzuhandeln.

Privates Gewissen leiht sich die Gewissheiten
der öffentlichen Meinung.

Beim Meinungsaustausch vergleichen wir
die Inhalte unserer abonnierten Zeitungen.

Ein Mensch braucht viele Meinungen, um
sich nicht zu wiederholen, doch eine Meinung
nicht viele Menschen, die sie wiederholen.

Teilen tausend Menschen eine Meinung,
bleibt für jeden nicht viel übrig.

Meinungen, Freuden und Leiden werden oft
geteilt, doch nie in der Mitte.

Deutsche haben mehr Gewissen als Wissen,
mehr Verantwortung als Antworten
und sind lieber *einer* als eigener Meinung.

Denken : Mal etwas mehr und anderes
zu sagen haben als nur die eigene Meinung.

"Episteme" und "Gnome" heißen Erkenntnis durch Wissen. Ein Gnomikon ist ein Gnom : Eine Sammlung von kurzen Weisheitssprüchen. Nietzsche verteidigte die Wahrhaftigkeit der subjektiven Meinung gegen die objektive Wahrheit, also seine Aphorismen gegen die Wissenschaften. Das Wissen haben Epigramme noch vor sich, Aphorismen schon hinter sich : Sie sind Meinungen, die mit der unaufhebbaren Kluft zwischen Meinung und gemeinter Sache schon ganz allgemein spielen.

Epistemologie ist Erkenntnistheorie : Wie überwindet die subjektive Meinung die Kluft, die sie vom gemeinten Objekt trennt? *Kant* antwortete: Meine (transzendentalen) Anschauungsformen und Verstandesbegriffe bestimmen allererst die Gegen-Ständlichkeit des (transzendenten) Objekts, von dem ich mich dann empirisch bestimmen lassen kann.

Meinungen, die keinen Anspruch auf allgemeingültige Wahrheit, sondern nur auf eigenen Geschmack erheben, sagen mehr über den Meinenden als über das Gemeinte. Ansichten *(Doxai)* sind eben gleichberechtigt, aber nicht gleichwertig, solange es den "zwanglosen Zwang des besseren Arguments" gibt. Ohne wenigstens die Idee objektiver Wahrheit ist jeder Meinungsaustausch nur ein beliebiger Wortwechsel von zufälligen Privatgeschmäckern.

Likes und *Dislikes* sagen noch nichts zur Qualität der gemeinten Sache selbst. Heute wird die bloße Idee allgemeingültig objektiver Wahrheit gern allgemein geopfert, weil sie undemokratisch autoritär sei. Das rächt sich. Das Ergebnis wird universaler "Bullshit". – Natürlich kann jeder Anspruch auf objektive Wahrheit ungerechtfertigt sein, aber ohne die (autoritäre) Idee davon gibt es keinen Fortschritt in den Meinungen. Möglichst viele Perspektiven im Disput zu sammeln, gehört nur zur rechten Vorbereitung eines angezielten Resultats und ist nicht schon das Resultat. "Horizonterweiterung" gilt heute leider schon als demokratischer Endzweck, nicht als notwendige, aber nur unzureichende Bedingung einer Wahrheitsfindung. Es gibt ja auch Horizonte und Perspektiven, die bei der Prüfung in die Irre führen. Inzwischen zerflattert alles in dogmatische Antikirchenweisheit.

Open end heißt : Die einzige Wahrheit ist nur noch, dass es keine mehr geben soll. Aber warum so verzagt? Dass wir absolute Wahrheit nie erreichen können, ist gängiges bequemes Wunschdenken, das die Suche vorweg entmutigen soll. Man nannte sie immer „Gott". An dieser Idee ist eisern festzuhalten, gegen den Zeitgeist, der nur die Wahrheiten unserer Herrschaften gelten lässt ...

Naturwissenschaften gelten heute als praktikable Muster exakten und empirisch testbaren Wissens im Kampf gegen bloße Meinungsdiktaturen, aber sie sind nur noch eine mystifizierte und mystifizierende Ideologie, die sich für das Ende aller mystischen Ideologien hält. Sie sind nur noch Techniken zur Beherrschung der Natur und des menschlichen Naturells ihrer industriellen Bearbeiter.

In memoriam Eberhard Avé-Lallement (1926–2015), Meisterschüler der Naturphänomenologin *Hedwig Conrad-Martius* (1882-1966) zwischen dem Transzendentalphänomenologen Husserl und dem Existenzialphänomenologen Heidegger.

Buchveröffentlichungen von H. Conrad-Martius :

„Realontologie", 1923

„Abstammungslehre", 2. Auflage 1950

„Der Selbstaufbau der Natur", 1944 / 1961

„Naturwissenschaftlich-metaphysische Perspektiven",1948

„Bios und Psyche", 1949

„Die Zeit", 1954

„Utopien der Menschenzüchtung", 1955

„Das Sein", 1957

„Der Raum", 1958

„Die Geistseele des Menschen", 1960

„Schriften zur Philosophie", (Band 1-3), 1963-1965

„Metaphysik des Irdischen", ungedrucktes Manuskript

Kann ein CT oder MRT Gedanken lesen?

Hirnforscher haben nur noch Gehirn im Kopf.

Früher hatte man Geist, heute die Hirnforschung.
Sie entdeckt so viel Dummdreistes in klugen Köpfen
wie Neunmalkluges in Dummköpfen.

Ergebnisse der Hirnforschung sind Anpassungen
des Hirns an eine inzwischen unzurechnungsfähige
Gesellschaft.

Ihr Hirn zwingt die Forscher zu
denken, dass sie nicht frei sind,
das Hirn nicht zu erforschen,
um zu überleben.

Was das Hirn über sich selber denkt,
passt sich einer Umwelt an,
die überhaupt nicht nachdenkt.

Für Hirnforscher gehört ein eiserner Wille
zum alten Eisen und trägt Handschellen.

Hirnforscher haben herausgefunden, dass die
Autonomie des Unterleibs und des Oberstübchens
sich gern freie Souveränität des Menschen nennt.

Heutige Hirnforscher haben am Ende entdeckt,
dass wir keinen freien Willen haben. Es wird
schon stimmen, dass wir nicht frei sein wollen.

Hirnforscher haben jüngst entdeckt,
dass der Computer-Tomograph in ihren
Hirnen keinen freien Willen entdecken konnte.

Ein Hirnforscher kann gegenüber unserem unfreien
Willen doch seinen freien Unwillen durchsetzen.

Mathematik oder Idealismus verteidigen den Kopf
gegen den Bauch, Kopfschmerzen oder Hirnforscher
den Bauch gegen den Kopf.

Hirnforschung spricht unseren Willen frei,
indem sie ihn endgültig unfrei spricht.
Schuldlos schuldig wird er tragikomisch.

Bis zur Hirnforschung schlug dir die Neugier
auf dein Innenleben den Schädel ein.

Man denkt, Hirnforscher lesen,
was man denkt, nicht *dass* man denkt.

Hirnforschung : Das riesengroße Ego
schmachtet in kleinen grauen Zellen.

Hirnforschung : Der Kopf ist selbstgenügsam.

Hirnforschung ist der Wahn, dass das Weltall mehr
unter eine Schädeldecke passt als ein Kopf ins All.

Die Sache selbst ist in der Sprache der Hirnforscher
immer reine Nervensache.

Wie können innere Hirnzustände des Hirnforschers
von meinen Hirnfunktionen wissen?

Bis zur Hirnforschung schlug dir die Neugier
auf dein Innenleben den Schädel ein.

Wo ein Dienstweg ist, da ist auch ein Widerwille,
wo ein guter Wille ist, auch ein Bremsweg.
Wo ein unfreier Wille ist, da ist auch
ein Hirnforscher auf seinem Irrweg.

Religion befreite uns vom Glauben, frei zu sein,
wenn wir uns frei fühlen. Hirnforschung hinkt
nur hinterher.

Hirnforscher sind so frei, ihre Willensfreiheit zu
leugnen, und so unfrei, sie behaupten zu müssen.

Auch ein Hirnforscher kann gegenüber seinem
ganz unfreien Willen immerhin seinen halbwegs
freien Unwillen durchsetzen.

Der Hirnforscher nimmt mir die Schuld ab und
die Freiheit, schuldig zu werden. Der Seelenhirte
nimmt mir die Sünde ab, aber nicht die Freiheit
zu sündigen.

Du fühlst dich frei, wo dein Hirn längst für dich
entschieden hat, sagen Hirnforscher. Oder haben
deren Hirne schon vorentschieden, sich ununter-
scheidbar von freien Entscheidungen zu fühlen?

Sind Hirnforscher freier als ihre eigenen Hirne,
von denen sie dazu bestimmt werden, ihre freie
Selbstbestimmung als objektive Hirnbestimmtheit
zu bestimmen und ihr vorentscheidendes Hirn
als ihre freie Wahl?

Für Hirnforscher hat man mit dem eigenen Kopf
eine ganze Welt am Hals.

Wird der Kopf vom Bauch erniedrigt,
retten ihn Mathematik oder Idealismus.
Wird der Bauch vom Kopf beleidigt,
rächen ihn Kopfschmerzen oder Hirnforscher.

Die Hirnforschung sagt Willensfreiheit
und meint die Bibel.

Die Hirnforschung beweist mir, dass ich nicht
einmal genug freien Willen habe, den Glauben
daran aufzugeben.

Hirnforscher machen dich so unfrei, selbst vom
freien Nichtmüssen träumen zu müssen.

Enthauptete Hirnforscher sind Nietzscheaner
und behaupten, dass das Gehirn hauptsächlich sich
und seine Macht und keine Wahrheiten behauptet.

Hirnforscher untersuchen auch das Gedächtnis,
können sich aber eher den Allerwertesten
als den Kopf aus dem Kopf schlagen.

Hirnforscher konnten mit Computertomographen
jetzt unsere Gedankenlosigkeit lesen.

Glaube ich den Hirnforschern, denkt mein Kopf,
dass ich denke.

Hirnforscher entwickeln die Zwangsneurose, gar
keinen freien Willen zu haben, und diagnostizieren
unsere Zwangsneurose, einen freien Willen haben
zu wollen.

Wäre der Hirnforscher frei, könnte er das mit seinen
Geräten prinzipiell nie beweisen.

Die forsche These, dass es für uns nichts als innere
Hirnzustände gibt, ist nichts als ein innerer Hirn-
zustand des Hirnforschers.

Seit Hirnforscher jeden zum lebenslänglichen
Gefangenen seines Gehirns machten, wird es
wichtig, mit welcher Bibliothek und Videothek
das Oberstübchen möbliert ist.

Wie können innere Hirnzustände des Hirnforschers
von meinen Hirnfunktionen wissen?

Welcher Hirnforscher kann freiwillig seinen Willen
untersuchen und seine Überzeugung von dessen
Freiheit aufgeben?

Dass ein Hirn ein Hirn kernspintomographisch
untersucht, zeigt mehr Selbstbewusstsein
als Selbstreflexion.

Seit es "bildgebende Verfahren" mit Computer-
Tomographen (CT), Kernspintomographen, Magnetreso-
nanztomographen (MRT) und anderes Zeugs gibt, gibt es
auch akademische Hirnforscher, die Gedanken lesen
können, indem sie ohne lobotomische Kopf-Trepana-
tionen unter die Schädeldecke gewandt in unsere (oder
ihre eigenen) Gehirnwindungen sich winden. Ist Hirnforschung nun ein junger Zweig der Biophysik oder Phreno-
logie, Philosophie oder Voodoologie? Ist der menschliche
Kopf nur ein hochkomplexes "neuronales Netzwerk" mit
"feuernden Spiegelneuronen" zur Empathie, um uns auch
in so etwas Exotisches wie Hirnforscher hineinversetzen
zu können und die Welt mit deren Augen (oder Highden-
sity-Sensoren) zu sehen? Ihr unfreier Wille hat inzwischen auch festgestellt, dass er (wie unser aller Wille)
unfrei sei.

Seither können Diebe nicht anders als zu stehlen,
und ihre Richter nicht anders, als sie zu verurteilen.

Aphoristiker sind im Bilde

„Domäne alter Männer" : Philosophische Fernreisen in aphoristischen Etappen

Lieber verzichte ein Autor auf Leser,
als Co-Autoren zu dulden.

Essay-Experiment: „Führe uns nicht in Versuchung",
doch in Versuche, Prophezeiungen zu testen!

Agnostiker wie Materialisten bekämpfen Christen,
wie Christen leibfeindliche Gnostiker, geistfeindliche
Agnostiker wie Naturalisten bekämpften.

Ist das Überleben des einsamen Autors erkauft
mit dem Aussterben der einsamen Leser?

Wissen enthält Deutung, Meinung auch Erfahrung.

Denken setzt Erfahrung voraus,
um sie überflüssiger zu machen.

Aphoristiker respektieren deine Deinung mehr als
ihre eigene Meinung und würdigen sie der Kritik.

Astronomie ist die astrologische Sterndeutung intelligenter Narren : Himmelsjäger *Orion* nimmt den roten Überriesen *Beteigeuze* auf die leichte Schulter.

Jede Zeit hat ihre engen Wände, und jede Zeitenwende verwendet rechtzeitig ihren Wendehals, der nichts einzuwenden hat.

Ein Buch, das keinen Verleger findet, findet seinen Autor in Verlegenheit. Wird es aber mal verlegt, findet es sich so bald nicht wieder.

Je mehr Bücher du gelesen hast, desto mehr Menschen langweilen dich.

Haben Wissenschaften gesprochen, haben Bonmots das letzte Wort.

Alles ist so viel wert wie seine Grenzen, auch die Wissenschaften.

Nietzsche, Trakl, Rilke und *Kafka* sind längst keine einzelgängerischen Außenseiter mehr, sondern schon Mainstream-Klassiker der Moderne. Also können sie nur missverstanden und missbraucht worden sein?

Es geht bergauf : Wir sind nicht über den Berg.

Arme und Reiche verachten Armut und Reichtum
und geistreiche Taugenichtse.

Ist schon ein *Outcast*,
wer sich nur für Außenseiter interessiert?

Dilettant heißt ein Kenner ohne Examen
im Gegensatz zum Ignoranten mit Examen.

Iustitia caritas Dei *(Leibniz)* vel caritas iustitia Dei?
Benjamin /Adorno ≡ Scholem/Nietzsche?

Wer weiß, wann Gott sich die Maske
der Existenz oder Nichtexistenz aufsetzt?

Wenn wir uns nicht mehr nach jeder Natur-
katastrophe richten müssen, soll sich auch
gleich die ganze Welt nach uns richten müssen?

Leben ist mehr als kein Sterben, sondern Lesen,
um richtig zu leben.

Das Anliegen der Maler ist es, mal auf zu dicke Geld-
säcke anzulegen. Die Angelegenheit der Geldanlagen
ist das Anliegen von weltentfremdenden Bildern.

Hegel wollte vernünftige Subjekte, nicht „verrückt
gewordene" Individuen wie *Schlegel*, selbstloses
Selbstbewusstsein statt allgemeine Egoisten.

Naturwissenschaftliche Weltentzauberung wird nicht
geisteswissenschaftlich, sondern geistreich kompen-
siert. Die *Entzweiung* aus der *Ritter-Schule* zwischen
Individuen und Institutionen ist nicht systematisch
aufzuheben, sondern fragmentiert zu verschärfen.

In der Jugend keine Liebe, im Alter keine Logik?

Wer nicht verrückt ist nach Lesen und Schreiben,
ist auch nicht verrückt nach Leben und Treiben.

Physiker werden hochgeachtet,
seit sie unverständlicher sind als Metaphysiker.

Nur durch viele Aphorismen kann das Individuum
sich der Überfülle gesellschaftlicher Schmerzpunkte
von Einfall zu Reinfall erwehren.

„Ich pfeife auf deine Meinung.
Ich will die Wahrheit wissen!" *(Jacques Derrida)*

Wer denken kann, paart sich mit toten Philosophen.

Du kannst nicht den haben, der dich haben kann.

Philosophie sei eine Reihe von „Fußnoten zu Platon"
(A. Whitehead) : Von *Platons* Dialogen über *Hegels*
Dialektik zu *Schlegels* Paradoxien, denn die Welt ist
eine „Hierarchie von Paradoxen" *(N. Gómez Dávila)*
und kein syllogistisches System.

Idealismus ist die Philosophie, die oft besser
in der Praxis als in der Theorie funktioniert.

Religion heißt : Reiche werden gemästet,
um geschlachtet zu werden.

Kantianer ist, wer allen das Denken erlauben muss,
weil er es sich selbst verordnet.

Ist Philosophieren Schweben zwischen echten
und gefälschten Falschheiten?

Dialektik heißt : Dreifache Bejahung als Verneinung.

Erkenntnis durch Erfahrung ist oft zu unsicher,
Erkenntnis ohne Erfahrung allzu gewiss.

Subjektive Tatsachen sind mehr
als objektive Meinungen.

Gut ist besser als besser, also das Letztbeste.

Impotente sind keine Asketen.

Nur sein Kopf geht dem Hirnforscher
durch den Kopf. Bald ist er wieder draußen.

„Alles geschieht notwendig" –
auch dieses zu widerlegen.

Gottes Existenz ist beweisbar,
aber nicht jedem durch jeden.

Philosophie ist keine Liebe zur Binsenweisheit,
sondern unglückliche Ehe mit der Altersweisheit.

Nur mit der Dummheit der anderen zu rechnen,
ist Dummheit.

Von *Platon* bis *Wittgenstein* war Philosophie Liebe
misogyner Hagestolze zu einer Damendirne Sophie.

Mancher schreibt Aphorismen, um die reichen
Lebenserfahrungen, auf die andere so stolz sind,
kurzerhand als überflüssig abzufertigen.

Man meint nur zu wissen, dass man nur Meinungen
weiß – stolz auf seine falsche Bescheidenheit.

Adorno schüttete 1933 in seiner *Kierkegaard*-Kritik
das kontemplative Kind mit dem Bad existenzieller
Innerlichkeit aus, in die Äußeres krud zurückschlage.

Auf Bonmots reagieren deutsche Leser noch immer
wie Friedrich *Hegel* auf Friedrich *Schlegel,*
französische Leser wie *Schlegel* auf *Chamfort.*

Warum wird der eine erwählt und der andere gequält,
oder ist nicht erwählt, wer nicht gequält wird? Wer
wählt zwischen Himmel und „Himmel auf Erden"?

Lieben Philosophen Anhänger mehr als die Weisheit?

Wer gut altern kann, langweilt sich kunstgerecht.

Dass ich wenig zu sagen habe,
sagen meine vielen Aphorismen.

Philosophischen Wettlauf gewinnt der Sitzenbleiber.

Wer hält seine Sprüche und Gespräche
a priori für Kants *Undinge an sich*?

Der Wind weht aus der *Hinternwelt* und setzt sich
zur Ruhe in jedem Satz, Gegensatz oder Gesetz.

Philosophie wirft Netze aus, um Netze und sich selbst
zu fangen und Analysen zu analysieren.

Die Marionette als ihr eigener Drahtzieher?
Aphorismen ergänzen systematisiertes Unwissen
durch fragiles Kurzzeitdenken.

Stillt mein Konfusionsreaktor den Energiehunger?

Platon lese ich nicht, da *Sokrates* nichts Schriftliches
hinterließ. Woher weiß Sokrates, dass er nichts weiß?

Aphorismen sind Versuche der Einbildungskraft,
philosophische Urteilskraft nie zu entkräften.

Philosophie ist die Geisteskrankheit, die den
gesunden Menschenverstand therapieren will.

Nietzsche : Die Unterwelt sinkt tief und primitiver,
als der Arbeitstag des Übermenschen gedacht.

Philosophie : Flucht vor der Weisheit
und after-physischen Meta-Physik.

Philosophieren heißt, Probleme durch Lösungen
problematischer zu machen.

Wittgenstein? Philosophie will der Fliege
den Umweg ins Marmeladenglas zeigen.

Aphoristiker verhalten sich zu Fachphilosophen
wie Schwelbrandstifter zu Sinn- und Ruhestiftern.

Gebildete bleiben auf dem Dachboden der Zitat-
sachen. Am Anfang und Ende war das Selbstzitat.

Ganz wahr ist, was nicht ganz funktioniert,
funken Aphorismen dysfunktional dazwischen.

Gesunder Menschenverstand von vorgestern
(Philosophie) oder von übermorgen *(Aphoristik)?*

Philosophie : Irrtümliche Widerlegung von Irrtümern
durch irreführende Irre und die fragliche Fraglichkeit
von allem.

Ein guter Aphorismus will die ganze schlechte Welt
in sieben Worten durchsieben.

Philosophie ist häufig nur undefinierbare
„Suche nach dem Undefinierbaren" *(Runes).*

Frei nach *Morgenstern* : Ein Schwarzes Loch frisst
einsam sich durchs All. Es ist ein Loch, sonst nichts!

Wer nur Schnitt- und Knotenpunkt vieler Weltlinien
sein will, nimmt sich wichtiger als der Egoist.

Man löst sich von keiner Familie, um sich mit dem
Kosmos zu vereinen, oder umgekehrt.

Eine Revolution macht uns frei
auch von Konservativen und für Tyrannen.

Reiche sterben stets an tödlich verwundeten Armen.

Gottes Reichtum besteht aus unzähligen Bettlern,
unsere Armut aus wenigen Reichen.

Ich bin jemand, dem alles, was er lange anfasst,
weil es ihn erfasste, kurzerhand zum kurzen
Aphorismus wird.

Was du liebst und verehrst, machst du zum undurch-
dringlichen Rätsel, und was dir klar ist, das hasst du.

Hegels logischer Schluss vom Begriff auf Wirklichkeit schließt von allgemeiner Gattung auf besondere
Arten, nicht auf zufällig existierendes Einzelnes
(das beim Aphoristiker *Schlegel* seinem Allgemein-
begriff ebenso entspricht wie widerspricht.)

Habgier ist nur als Habsucht zu behandeln:
Entwöhnung durch Enteignung.

Mitleid mit fremdem Unvermögen kann wie eigenes
Unvermögen Spitzenleistungen verhindern.

Das Kind wollte den Großen Streiche spielen;
der Mann schrieb daher kleine Aphorismen,
um ewigen Kindsköpfen Schabernack zu spielen.

Manche reale Demokratie ist vollkommener als
Platons philosophischer Idealstaat, soweit der Laien-
demokrat kompetenter ist als der Wissensaristokrat.

Unterwelt. Im Unterhaus sitzt keine Unterschicht
wie im Oberhaus keine Hochkultur.

Vor Künstlern fühle ich mich fähiger,
als ich bin, vor Forschern unfähiger.

Wer Leute versteht, hat sie unter sich,
doch wer sie beherrscht, begreift sie nicht.

Poeten läutern nur laute(r) Proleten.

Nur wenn Lust leiden kann,
kann Leiden auch Lust und lustig machen.

Der Mensch ist entweder Ebenbild Gottes
oder *King Kongs* Zerrbild.

Wer Glücksmomente zu Pechsträhnen erklärt,
um Beschwerlichkeiten als aufregende Abenteuer
erleben zu können, muss kein Masochist sein.

Um sich satt essen zu können, muss die Mehrheit
sich immer noch totschuften.

Die kapitalistische Diagnose von *Marx* war falsch,
weil die sozialistische Therapie falsch war.

Kein Mensch ist so unerschöpflich wie die Objekte
seines Denkens und weniger schöpferisch als sie,
doch das Alter erschöpft ihn mehr als sie.

Die *Spieltheorie* geistreicher Mathematiker
ist nur ein profitables Spielzeug der Reichen.

Habgier nennt der Neid den Erfolg der Reichen
und die Neugier der Forscher.

Hegel nennt die Mystik „nur subjektive Dialektik"
wie Schlegels Einspruch gegen seinen *objektiven
Idealismus* nur Mystik und poetische Mystifikation.

Das Alter zählt auch die Tage, die nicht zählen!

Der Aphoristiker ist Philosoph, doch Freund
weder von Nase- oder Binsenweisheit
noch von Alters- oder Hochschulweisheit.

Jedes Land ist reich genug und sei es an möglichen
Sklaven, um lohnend erobert werden zu können.

Kein Aphorismus will wiederholen, was ohnehin
schon aus allen Lautsprechern tönt, sondern Über-
sehenes, Vergessenes oder Ver*schütt*etes ausgraben.

Wie viele einstige Vernunftehen wurden glücklicher
als heutige Liebesehen!

Schreibe nichts großes Ganzes, ergänze andere,
teile dich mit ihnen und ihnen mit!

Ist der Anspruch auf Vernünftigkeit von Aussagen
und Taten selber vernünftig (zu rechtfertigen)?

Jemanden kennen heißt unvertraut sein mit ihm.

Verschärfte *Hegel* vielleicht *Kants* „reine Synthesis
des Mannigfaltigen" zur „Einheit der Gegensätze",
weil Gesellschaft ihn mehr interessierte als die Natur?

Kant konstruierte die Welt aus Anschauungs- und
Verstandesformen, *Hegel* aber diese aus sich selber,
da sie selbst in reine (seine) Vernunftideen übergehen

Wer toleriert sein will, will nicht widerlegt werden
können, und wer alles toleriert, will nichts widerlegen
müssen.

Gewissen, *conscience* : Gewisse Mitwissenschaft.

Vita contemplativa des abgesondert Heiligen:
Templum sanctum.

Der Himmel ist die Außenwelt der Außenwelt, doch
ist die Hölle deshalb die Innenwelt der Innenwelt?

Sieh hin, schreib auf, was du siehst, und geh vorüber!

In welchen Religionen wird die Angst vor Ende
und Verenden zur Hoffnung auf Vollendung?

Manche handeln, um nicht schuften zu müssen,
manche schuften, weil sie nicht handeln dürfen.
Ich denke, um nicht schuften und handeln zu müssen.

Die allgemeine gesellschaftlich notwendige Arbeitszeit wäre soweit zu verkürzen, dass sie keinen
ausbeutbaren *Mehrwert* mehr produziert.

Philosophieren heißt, Fragen durch Antworten frag-
würdiger zu machen.

Ich kann machen, was ich will,
doch nur tun, was ich nicht will.

Ist die Technik freier als der Mensch, dem sie hilft?

Alles aus Lebenslust ist gesund und aus Lebensfrust
ungesund *(Neue Salonbauernregel)*.

Glückspilze hatten nur Pilzglück.

Manches Neutrum hat nicht mehr Gewicht als *Neutrinos*, und das muss kein Mensch sein, der es misst.

„Ausnahmen bestätigen die Regel":
Regelrechtes widerlegt die Spielregeln.

Jede Untat ist ein gutes Beispiel für ein schlechtes.

Der Aphorismus entdeckt in guten Beispielen
ihre Gegenbeispiele versteckt.

Ein Schlegel (er)findet Gegensätze,
die auch ein Hegel nicht mehr *aufheben* kann.

Man wünscht Krieg, wenn Geschlechterkrieg
und ewiger Arbeitsfriede quälen.

Ohne Krieger ist keine Hochkultur möglich.
Deshalb ist aller Fortschritt die Katastrophe selbst.

Alle Charaktere spielt am besten der Charakterlose.

Gerade Pazifisten sollten sich nicht ent-rüsten.

Geld ist ein Automat : Es arbeitet für Geld
– an Arbeitern vorbei.

In Kriegen wird massiv „gehandelt“,
auch, um nicht arbeiten zu müssen.

Auch in Pandemien findet *Thackerays* „Jahrmarkt
der Eitelkeiten“ so statt wie der Wochenmarkt der
Gemüsehändler, ganz ohne Rummelplatzangst.

Himmelsmacht Liebe ist auch das Alibi
der hässlichsten Schändlichkeiten.

Etwas oder jemanden verstehen heißt,
dessen Grenzen zu sehen.

Rot : Neue Sozialwohnungen, die gebaut werden.
Grün : Neue Häuser, die nicht gebaut werden.

Si pacem vis, para bellum : Willst du Krieg,
dann ent-rüste dich nur.

Der Chor singt den Choral,
wie Amor die Amoral bringt.

Ist der kategorische Imperator ein Mandator oder
Liquidator von „Fortschritt" oder Kants Imperativ?

Aphoristische Energie dynamisiert Metaphorik wie
Metaphysik, doch fixiert auch aktive Subjektivität.

„Nur ein Gott kann uns noch retten" *(Heidegger),*
kein naturwissenschaftlicher Lakai des Kapitals.

Supermann ist viel zu realistisch, um zu existieren,
Gott ist viel zu phantastisch, um nicht zu existieren.

Wer hat denn je etwas „verarbeitet"? Es erledigt sich selbst, man vergisst es oder wird nie damit fertig.

Stubenhocker : Geistesnomaden, die akademische Pfahlbürger reizen und für ihre Zwecke plündern.

Megarische Logik : Wenn nur Verwirklichtes auch möglich war, ist jedes Noch-nicht-sein unmöglich. Spricht das gegen *Gödels* Beweis? Gott kann nicht von uns gehindert werden, (nicht) zu existieren.

Es geht nicht nur um Schuld gegen den HErrgott, sondern auch um Schulden bei den Grundherren: Grundherren sind in der Schuld ihres HErrgotts, alle Jubeljahre ihren Schuldnern die Schulden zu erlassen.

Wir schulden es dem Schöpfer, nicht nur rechtzeitig uns Schuld zu vergeben, sondern auch die Schulden zu erlassen.

Du hast nicht einmal, was du je hattest.

Karneval ward Weltfasching von flexiblen Weltviren.

Vorfreude verbirgt uns oft nur zu erwartende Sorgen.

Gesellschaftliche Benimmregeln werden längst
ernster genommen als moralische Anstandsregeln.

Je lehrreicher etwas ist, desto wissensärmer wird man

Es galt lange als weibliche Zierde, sich hinhaltend
zu zieren, um den Preis in die Höhe zu treiben.
Wann gaben Frauen das ohne Not aus der Hand?

Erfanden US-Collegegirls das *Petting,* um Sex
zu haben, ohne ihre teure Jungfernschaft auf dem
Heiratsmarkt zu verlieren? Es ist das Idol von *Genuss
ohne Reue* : Verewigte *Vorlust* ohne Erfüllung.

Dein Tod hat uns getrennt. Wird mein Tod uns wie-
dervereinen, oder wird alles wie nie gewesen sein?

Einst halfen dir Bühnentragödien, von der Wut
abzulassen. Nun helfen dir Psychologen, die Wut
an mir auszulassen. Was ist nun gut, was tut nur gut?

Gute und schlechte Menschen schimpfen einander
nun „Gutmenschen".

Götter leiden an chronischer Unsterblichkeit und
freuen sich an unserer stets akuten Sterblichkeit.

Nicht mein *Testosteron* liebt dich,
nicht dein *Adrenalin* schlägt mich.

Ist alle feste Entschiedenheit am Ende denn nur
unendlichfach unentschiedene Unentschiedenheit?

Tatsächliches Schwanken zwischen Tatsachen
ist selber keine schwankende Tatsache.

Architektur, die Ruinen ruiniert, wirkt modern.

Heute ist alles machbar und (ver)käuflich.
Sogar diese Lüge.

Moderne Elendsberichte:
Appetitzügler als Appetizer.

Wer viel sagt, sagt nichts Vielsagendes,
doch zu viel Nichtssagendes.

Angst kann sich bestrafen mit Tollkühnheit
und Übereifer mit Faulheit.

Wer die Wahrheit findet, erwirbt das Recht,
ihr Märtyrer zu werden.

Je weniger kleine Kinder, desto mehr große Gefühle
will die Liebe.

Frei wirkt, wer von zu wenigem bestimmt wird
oder von zu vielem.

Geld fließt weniger für Lebensnot als für Kunst,
die über sie erhebt.

U-Kunst nimmt sich ernst, E-Kunst unterhält.

Demokratie diktiert Moden und lässt über objektive
Wahrheit abstimmen.

Als Egoist gilt schon, wer mit schwachen Kräften
haushalten muss.

Erwachsene wären kein Wachs in den Händen
des Wachstums.

Missbraucht wirkt schon, wer zu schüchtern war,
Nein zu sagen.

Fortschritt ist der Aufstieg vom Hungerödem
zur Magersucht.

Ohne Sexualobjekte gibt es so wenig Liebe
wie ohne Sexualtabus.

Ungeliebte müssen leiden,
Vielgeliebte lassen leiden,
und Verfolgungswahn macht Pioniere.

Geschmackvolles ist zum Kotzen,
doch *Brechts* Kotze hochkulinarisch?

Ich halte und verkaufe mich nicht für dumm.
Ich bin nicht klug genug.

Eher werden Barbaren mit Geld
als Sklaven mit Geist abgefunden.

Gebildet wirkt, wen das Chaos frommer macht
als der Kosmos.

Erwachsene einigen sich,
Kindsköpfe vereinigen sich.

Maschinen sind keine Arbeitabnehmer mehr,
sondern die härtesten Arbeitgeber.

„Zur Sache!" ruft der Redner.
„Zur Rednerschule!" ruft der Sachkundige.

Erträge. Der Reiche kann nichts ertragen,
der Arme nichts als ertragen.

Große Kunst muss frei sein – von großem Vormund
und großer Nachfrage.

Gerechtigkeit gilt als einschlägig mehrfach
vorbestrafte Gerichtsbarkeit.

Existenzkampf um Gelder besiegt den Konkurrenzkampf der Geister.

Wunscherfüllung erhielt das Ziel,
genügend unbefriedigt zu lassen.

Sozialgerecht : Wer weniger Geld (ver)braucht,
muss mehr (r)ackern.

Ist es bestimmt gut, dass jeder von Natur aus
zu nichts Bestimmtem gut ist?

Wer schwache Gegner hat,
hat schon kräftig verloren.

Gelebt hast du nicht, weil du stirbst;
du stirbst, obwohl du nicht gelebt hast

Noch immer lebt meine Lebensqualität
von fremder Lebensqual.

Gib dein Leben hin für deine Vitalität
und mach dich fitter für den Tod!

Ein armer Deutscher kennt reiche Deutsche,
aber keinen armen Polen.

Zur Sache kommen nur Schwache.
Starke kommen zu sich und zu Geld.

Der Arme sei mehr, als er hat;
der Reiche hat mehr, als er ist.

Philosophen denken kaum noch,
sie handeln nur noch. Mit Begriffen.

Eliten wünschen die Opposition politisch engagiert
– also kontrollierbar.

Wer für sich bleibt, ist gegen uns,
und wer für uns ist, ist gegen sich.

Ursachen sind unbekannt. Bekannte sind Schuldige.

Nette Tyrannen sind anziehender als grobe Freunde.

Man bedient eine Maschine –
wie der Diener seinen Herrn.

Je tiefer die Abneigung, desto tiefer die Verneigung.

Gebt Reichen das Risiko, gut zu sein,
und Armen die Chance, böse zu werden.

Nicht wenige Genies entpuppen sich
als verkannte Ingenieure.

Nimm es ihnen. Gib es ihnen. Aber nur schriftlich.

Verkleidet als Laster wird jede Tugend attraktiv.

Gefühle sind leichter zu lügen als zu leugnen.

Utopie : Auf Sand im Getriebe gebaute Halbwelt.

Absolutistisch wird auch Herrschaft,
die alles relativiert.

Die immer in Bewegung sind,
scheuen vielleicht nur das Urteil.

Gestritten wird meist mit Argumenten,
nicht über Argumente

Mach dich zum Opfer deiner Wünsche,
so entwaffnest du deine Freunde.

Guten Geschmack zeigt inzwischen,
wer abgeschmackt findet, was ihm schmeckt.

Wer die Herrschaft ewigen Friedens will,
verewigt die Tyranneien.

Es gibt noch Neues über der Sonne –
und über die Sonne.

Demokratien überwinden jede Partei
der Überparteilichen und Unparteiischen.

Der Autor hält sich für verkannt
und wird für überschätzt gehalten.

Erledigt ist, wer sich seiner Sache entledigt,
indem er sie erledigt.

Rechtsprechung ist revidierte Rechtschreibung
der Geschichtsschreiber.

Aphorismen : In keinen Zusammenhang gerissene
Auseinandersätze.

Mit dem Rücken zur Wand sitzt man gern
und steht man schlecht.

Niemanden zur Staatsraison zu bringen,
ist im Rechtsstaat irrational.

Lieber Held im Buche
als Kammerdiener im Schlosse!

Geradlinigkeit wird krummgenommen.

Philosophie als Einzelwissenschaft
von allen Einzelwissenschaften

Philosophie ist die einzige Einzelwissenschaft, die keine sein will, sondern tendenziell die einzige Universalwissenschaft aller Einzelwissenschaften, heutzutage gleichsam deren allgemeine Wissenschaftstheorie. Sie ist keine bloße „Weltanschauung", sondern eine begriffsanalytische Disziplin, die intersubjektiv kontrollierbare Argumentationen in einzelwissenschaftlich nicht empirisch überprüfbaren Gegenstandsbereichen versucht. Sie ist also keine Theorie der ganzen Welt, sondern nur eine „Metatheorie" all unseres moralischen oder ästhetischen, erkennenden, fühlenden und handelnden Verhaltens zur Welt und zu uns selbst darin, wie *Harald Fricke* schrieb. Sie ist die Kulturform, die *über* alle Kulturformen spricht. Die Weisen sprechen nicht über Dinge selbst, sondern über unsere Arten und Weisen, sie zu besprechen.

Diese universelle ***Wesensreflexion*** auf die Prinzipien aller möglichen Objekte ist heute als Metaphysik keine „Magd der Theologie" mehr, sondern wurde nach dem Siegeszug moderner Naturwissenschaften – und ihrer technisch-industriellen Fruchtbarkeiten – seit *Leibniz und Kant* zur kritischen ***Selbstreflexion*** menschlicher Vernunftgewissheiten und seit *Russell und Wittgenstein* zur methodischen **Sprachreflexion** auf die Prinzipien rationalen Redens überhaupt. Von der spekulativen Metaphysik zum „linguistic turn" der einzelwissenschaftlichen Metasprachen : Wie geht es weiter?

Aber es gibt ja nicht nur die vorwiegend angelsächsische und heute alles dominierende „Analytische Philosophie", die sich am Ideal der mathematischen Naturwissenschaften orientiert und deren exakte Strukturwissenschaft sein will. Auch *Edmund Husserls* phänomenologische „Wesensschau" z. B. will eine exakte Wissenschaft sein, die aber hinter die ausdifferenzierten Einzelwissenschaften zurückfragt auf die vorwissenschaftliche „Lebenswelt" unserer unmittelbaren Alltagserfahrungen. Ihr Schlachtruf „Zu den Sachen selbst!" will das Wesen der Dinge anschauen vor aller wissenschaftsbegrifflichen Verdinglichung. (*Heidegger*, *Jaspers* und *Sartre* verschärften das überzeugender existenzphilosophisch als existenziell.)

Aber Gegenstimmen wollen nicht verstummen, die Philosophie für überhaupt keine Wissenschaft oder „hard science" halten, sondern wie *Schopenhauer* eher für eine generalisierte Reflexionskunst nach der Art der „Europäischen Moralisten" seit dem 17. Jahrhundert. Hegels Dialektik etwa hat kaum eine erlernbare Methode, sondern der Meister hat das Geheimnis seiner spekulativen Virtuosität mit ins Grab genommen. Es gibt nur verschwindend wenige Menschen, die wirklich dialektisch denken können, ohne sich nur ständig zu widersprechen.

„Was nicht festgehalten wird, ist nichts. Was festgehalten wird, ist tot." (Valéry). „Darf etwas den Namen von Philosophie überhaupt noch beanspruchen, dann solche Antithesen." (*Theodor Adorno*: „Valérys Abweichungen" (1960, In : „Noten zur Literatur", Frankfurt/M. 1981, Seite 177). Wenn sie überhaupt eine Wissenschaft sein sollte, dann eine universelle Reflexionswissenschaft (und -kunst zugleich).

Seit der Antike gliedert Philosophie sich in theoretische Logik, praktische Ethik und allgemeine Metaphysik mit ihren drei Objekten : Gott und die Welt und die Menschenseele. Laut *Kant* beantwortet ihr Weltbegriff (neben dem Schulbegriff) mit Vernunftzwecken diese Fragen: Was ist der Mensch, was kann er wissen, was soll er tun, und was darf er hoffen?

Eine methodengeleitete Einzelwissenschaft aber ist Philosophie am ehesten noch in der **symbolischen Logik**. Mehr als zwei Jahrtausende lang galt die „Analytik" im „Organon" des *Aristoteles* als Grundmuster alles folgerichtigen syllogistischen Schließens und vernünftigen

Argumentierens. Erst ein *Gottlob Frege* wendete vor etwa anderthalb Jahrhunderten zum ersten Mal die Mathematik auf die Sprache an, um die formale Logik entscheidend zu präzisieren. Die „Principia mathematica" von *Russell* und *Whitehead* systematisierten dieses Programm und setzten die Philosophie damit auf ein neues wissenschaftliches Fundament.

Mathematische Logik (samt ihren Paradoxien) wurde in der positivistischen Grundphilosophie der Moderne zur universellen Strukturwissenschaft aller exakten Einzelwissenschaften mit ihren Methoden, Grundbegriffen und Prinzipien. – Naturwissenschaftlich messbare Beobachtungsdaten wurden in formallogisch korrekte Theorierahmen tendenziell berechenbar eingeordnet. Empirische Observablen waren *Kants* „synthetische Urteile a posteriori", die formale Logistik aber blieb „analytisch a priori". *Kants* transzendentale Fundamente, „synthetische Urteile a priori", wurden kurzerhand gestrichen.

Was leistet diese "Neue Logik" in der alten Philosophie oder gar „philosophia perennis"? 1928 erschien „Der logische Aufbau der Welt" von dem bedeutenden „logischen Empiristen" *Rudolf Carnap* („angle face") aus dem positivistischen „Wiener Kreis" – ein fast heroischer Versuch, die Welt aus elementaren Sinnesdaten formallogisch zu rekonstruieren. Es fällt auf, dass ein solch ehrgeiziger Versuch bisher niemals wiederholt wurde, aus naheliegenden Gründen. Überhaupt ist es totenstill geworden um die Anwendung von mathematischer Logik auf konkrete philosophische Probleme, sei es Formalisierung und Systematisierung von Fragestellungen, sei es sachphilosophische Interpretation von Logikkalkülen.

Der rationalistische Polyhistor *Leibniz* hatte schon das Basisprogramm einer formallogischen „Ars Magna" und „characteristica universalis" des Universums entworfen. Ausgeführt wurde das gewagte Systemprogramm bis heute nicht. Seit der (geniewahnsinnig gewordene) Logiker *Kurt Gödel* endgültig nachgewiesen hatte, dass es in der Mathematik Wahrheiten gibt, die mit Mitteln dieser Mathematik nicht mehr beweisbar sind, auch seit den Paradoxien von Russell/Whitehead wackelte *David Hilberts* Universalprogramm eines durchgängig mathematischen Logizismus der Welt. Alles Logische ist wahr, aber nicht alles Wahre auch logisch.

Carnaps „Einführung in die symbolische Logik" von 1954/1960 enthält einen größeren einzelwissenschaftlichen Anwendungsteil, der meines Wissens nie ernsthaft diskutiert oder gar fortgesetzt worden wäre. Seither ist es merkwürdig und denkwürdig still geworden um solche Gigantenprojekte.

Seit etwa 1940 bis noch 1970 feilte *Gödel* an einem neuartigen logischen Gottesbeweis, der in seinem Nachlass unveröffentlicht gefunden wurde und die Widerlegung aller Gottesbeweise durch den „Alleszermalmer" Kant elegant umschiffte – durch Rückgriff auf die Theodizee (1710) und Modallogik aller möglichen Welten bei *Leibniz.* (Die mathematische Notation dieses Beweises ist auf Wikipedia nachzulesen unter "Gottesbeweis").

Ontologischer Beweis, der nach Kants Widerlegung nicht mehr aus dem Begriff Gottes auf dessen Existenz schließt.

1. Ein göttliches Wesen ist möglich
2. Es gibt höchstens ein göttliches Wesen
3. Es gibt genau ein göttliches Wesen

1. Teil

Eine Eigenschaft ist positiv, wenn sie notwendigerweise eine positive Eigenschaft enthält.

Eine Eigenschaft ist entweder positiv oder negativ.

Etwas ist genau dann "göttlich", wenn es alle positiven Eigenschaften besitzt.

Göttlichkeit ist eine positive Eigenschaft.

Positive Eigenschaften sind konsistent (logisch widerspruchsfrei).

Ein göttliches Wesen ist möglich.

2. Teil

Positiv sein ist logisch und deshalb notwendig.

Eine Eigenschaft X ist genau dann wesentliche Eigenschaft von u, wenn u ein X ist und alle anderen Eigenschaften von u daraus notwendig folgen.

Damit sind alle wesentlichen Eigenschaften notwendig äquivalent.

Wenn u göttlich ist, dann ist Göttlichkeit eine wesentliche Eigenschaft von u.

Es gibt höchstens ein göttliches Wesen.

3. Teil

u existiert dann notwendigerweise, wenn alle wesentlichen Eigenschaften von u notwendig instantiiert sind.

(Anm.: Instantiierung: praktisch auftretende Exemplare von Objekten mit diesen Eigenschaften).

Notwendige Existenz ist eine positive Eigenschaft.

Wenn die Existenz eines göttlichen Wesens möglich ist, dann ist sie auch notwendig.

Wenn es eine log. Tatsache ist, dass B wahr ist, wenn A wahr ist und A in jeder der möglichen Welten wahr ist, dann ist auch B in allen möglichen Welten wahr.

Positive Eigenschaften sind logisch widerspruchsfrei.

Wenn u göttlich ist, dann ist Göttlichkeit eine wesentliche Eigenschaft von u.

Wenn die Existenz eines göttlichen Wesens möglich ist, dann ist sie auch notwendig (weil "Möglichkeit" modal-

logisch bedeutet, dass mindestens ein Exemplar in einer
von allen denkbaren Welten real existiert.)
Es gibt notwendig genau ein göttliches Wesen.

Q. e. d.

(Die logische „Möglichkeit" heißt Wirklichkeit in wenigstens einer Welt, Notwendigkeit hingegen bedeutet
Wirklichkeit in allen möglichen Welten. Das stimmt auch
mit *Nicolai Hartmanns* Lehre von den drei "Seinsmodi"
zusammen : Nur was wirklich wurde, war auch möglich
und ist dann auch gleich notwendig, weil alle Bedingungen erfüllt sein müssen, damit es sich verwirklichen
kann.)

Computerberechnungen haben vor einiger Zeit die logische Schlüssigkeit von Gödels Gottesbeweis bewiesen,
wenn die leibnizischen Prämissen akzeptiert werden. Das
aber können der etwas grobschlächtige Biologist Richard
Dawkins und andere Berufsatheisten natürlich nicht einräumen, ohne sich selbst ad absurdum zu führen …

Ontologischer Beweis   10. Feb. 1970

(Überführung in moderne Notation: Joachim Bromand)

$P(\varphi)$ φ ist positiv (oder $\varphi \in P$)

Axiom 1. $[P(\varphi) \wedge P(\psi)] \to P(\varphi \wedge \psi)$

Axiom 2. $P(\varphi) \vee P(\neg\varphi)$

Definition 1 $G(x) \leftrightarrow \forall\varphi\,[P(\varphi) \to \varphi(x)]$ (Gott)

Definition 2 φ Ess. $x \leftrightarrow \forall\psi\,[\psi(x) \to \Box\forall y\,[\varphi(y) \to \psi(y)]]$

$$\text{(Essenz von } x\text{)}$$

Axiom 3. $P(\varphi) \to \Box P(\varphi)$ ($\Box$ = Notwendigkeit)

            $\neg P(\varphi) \to \Box\neg P(\varphi)$ da es aus der Natur der

                                Eigenschaft folgt.

Theorem. $G(x) \to G$ Ess x

Definition $E(x) \leftrightarrow \forall\varphi\,[\varphi$ Ess $x \to \Box\exists x\,\varphi(x)]$

$$\text{(notwendige Existenz)}$$

Axiom 4. $P(E)$

Theorem. $G(x) \to \Box\exists y\,G(y)$

    also $\exists x\,G(x) \to \Box\exists y\,G(y)$

    also $\Diamond\exists x\,G(x) \to \Diamond\Box\exists y\,G(y)$ ($\Diamond$ = Möglichkeit)

               $\Diamond\exists x\,G(x) \to \Box\exists y\,G(y)$

Kurze Philosophiephilosophie

Was die Philosophie beseitigen muss, ist die Gewiss-
heit, sei es die des Wissens oder des Nichtwissens.
(Bertrand Russell)

Philosophie ist eine Art Rache an der Wirklichkeit.
(Friedrich Nietzsche)

So hat z.B. mir meine Philosophie nie etwas
eingebracht, aber sie hat mir sehr viel erspart.
(Arthur Schopenhauer)

Die Bibel enthält diese alte ehrwürdige Urkunde,
die tiefsinnigste und erhabenste Weisheit und stellt
Resultate auf, zu denen alle Philosophie am Ende
doch wieder zurück muss.   *(Gottlieb Fichte)*

In der Philosophie kommt alles auf die Idee an.

Philosophie ist nicht Sache der Notdurft, sondern
der Annehmlichkeit.   *(Immanuel Kant)*

Philosophie – die eigentliche Heimat der Ironie.

Wer Religion hat, wird Poesie reden. Aber um sie zu
… zu entdecken, ist Philosophie das Werkzeug.

In der Philosophie geht der Weg zur Wissenschaft
stets durch die Kunst.   *(Friedrich Schlegel)*

Wenig Philosophie entfernt von der Religion,
viel Philosophie führt zu ihr zurück. *(Francis Bacon)*

Philosophieren heißt zweifeln.   *(M. de Montaigne)*

Der Philosophie spotten ist wahrhaft philosophieren.
(Blaise Pascal)

„Lachen soll man und zugleich philosophieren.“
(Epikur)

Die Philosophie bietet mir einen Hafen, während ich
andere mit den Stürmen kämpfen sehe.   *(Platon)*

„Philosophie ist … Tiefenpsychologie des Geistes.“
(Hans Lenk)

"Cogito, ergo sursum!“ *(Gabriel Marcel)*

„Philosophie ist die Kunst, das Wesentliche
breitzuwalzen.“ *(M. E. Cioran)*

Revolution durch Restauration ohne Revolver

Zu Heiß mach Kalt,
zu Neu mach Alt:
Restauriert wird nur noch Kunst,
doch leider oft auch nur verhunzt
von lauter Zeitgeistbrunst.

Man restauriert gern alte Bilder,
milde Farben macht man wilder:
Mach kein Bild dir von der Welt,
das zwischen dir und ihr sich stellt.

Ob neu, ob alt,
es zeigt sich bald:
Kunstanliegen : Weltanklagen?
Nein, Kunstanliegen : Geldanlagen!

Aus Neu macht Alt der Restaurator
für den feilen Auktionator.

Doch eins nur wär' zu restaurieren
und endlich neu zu ratifizieren:
Statt des ewigen Trottes Hetz
Lebenskunst nach Gottes Gesetz.

Prinzregentorte?

Dem Leib sind Torten nur Tortur,
Dem Geist sind Prinzen nicht Natur,
Der Seele sind Regenten nie Kultur:

"Prinzregenten sind von gestern",
dürfen alle Arbeitssklaven lästern.
Auch der Regentleman is out,
dirigiert uns viel zu laut.

Trivial ist dieses Schema,
dichterfeindlich ist das Thema,
und unmöglich ist ein Rhema.

Die Politik des Zeitgeistes
im Zeitgeist der Politiker

Worin besteht der Geist oder Ungeist unserer Zeit? In der rechtsstaatlich verfassten Plutokratie eines durch naturwissenschaftlich-technisch-industriellen Fortschritt befeuerten Großkapitalismus, in dem aristokratische Wissenseliten die gepäppelten Lakaien von neoliberal reichen Auftraggebern sind? Ist damit vielleicht das Wesentliche des herrschenden Zeitgeistes abgedeckt?

Vor allem aber ist dieser *Zeitgeist* der Hochindustrienationen, deren ökonomische Füllhörner sich inzwischen als ökologisch unverschließbare Büchsen der Pandora entpuppten, ein akademisch abgesegneter A(nti)theismus, der bereits in zwei Sozialismen des 20. Jahrhunderts links und rechts explodierte. Das hatte *Hegels* geschichtsoptimistische Sicht auf die konstitutionelle Erbmonarchie Preußens nicht vorhergesehen, obwohl er durchaus liberal offen blieb für eine künftige, in England heraufdämmernde „Demokratie durch Arbeit".

Hegels moderne Anhänger *Fukuyama* und *Kojève* sehen den liberalen Rechtsstaat auf dem Gipfel

des Weltgeistes im konsumsaturierten Wohlstands-
staat plus Wohlfahrtsstaat einer rundum „verwalte-
ten Welt" (*Max Horkheimer*), im „eisernen Gehäuse
der (wissenschaftlichen) Zivilisation" (*Max Weber*).

Wenn alle nicht mehr schuften müssen, weil KI-
Fabrikroboter alles erledigen, bleibt laut *Alexandre
Kojève* nicht die ewige Langeweile eines selbst-
mordgefährdeten Müßiggangs im Kaufhausparadies,
sondern nur noch „mathématique, jeu, extase" um
ihrer selbst willen, also *Nietzsches* blinzelnder „letz-
ter Mensch", der nichts mehr will als sein „Lüstchen
für den Tag und Lüstchen für die Nacht".

Dieser naturwissenschaftlich-technisch-industri-
elle Fortschritt ist nun allerdings laut *Walter Benjamin* selber die Katastrophe, die er verhindern will.
Er repariert nur an seinen eigenen Folgeschäden
ohnmächtig herum, weil sich für vergleichsweise
vernünftige Lösungen keine demokratischen Mehr-
heiten mobilisieren lassen, selber von den weitsich-
tigsten und gutwilligsten Politikern nicht. Jedes
Schwellenland der Welt will nichts anderes haben,
als was die hochindustriellen „Inseln der Seligen"
schon hier und jetzt genießen können, und genau das
würde den Umweltkollaps vollenden.

Ein Fortschritt zurück hinter den hochtechnologisch heißgelaufenen Industrialismus scheint nicht sinnvoll, da das nur wieder oligarchischen Agrarfeudalismus zwischen den wenigen aristokratischen Großgrundbesitzern und vielen landlos armen Landarbeitern bedeuten würde.

Eine radikale Reduktion der allgemeinen gesellschaftlichen Arbeitszeit z. B. auf eine Achtstundenwoche (statt einen Achtstundentag) ist realpolitisch weniger durchsetzbar als rituell „moderate Gehaltserhöhungen", weil die Sklavenarbeit dann schlagartig keinen kapitalistisch abschöpfbaren *Mehrwert* mehr produzieren würde, in Demokratien wie auch in Diktaturen.

Lediglich in diesem eisernen Rahmen der herrschenden Zeitgeistideologie spielt sich die mögliche Realpolitik ständig ab, Tag für Tag und Nacht. Da sie über diesen Zeitgeist nicht hinaussehen kann, weil sie ihn entweder für prinzipiell unüberschreitbar hält oder sein Verlassen für einen barbarischen Rückfall auf bereits überwundene historische Gesellschaftsniveaus, ist alle Politik mit all ihren guten Ver(schlimm)besserungsvorschlägen ganz in diesem (letztlich virtuellen) Rahmengefängnis gefangen und befangen. Man doktert hilflos an selbstgeschaffenen

Symptomen herum, weil die Ursache unbekannt ist oder außerhalb des schier untranszendierbaren Zeitgeistes liegt, weil der seine Grenzen für die Grenzen der Wirklichkeit selber hält.

Die Politiker trifft gemeinhin weniger Schuld, als ihre Wähler glauben, denn sie sind auch nur mehr oder weniger kompetente Vollstreckungsgehilfen und die langen Arme dieses Zeitgeistes wie ihre eigenen Wähler – die nichts besser machen (könnten), wenn sie selbst ans Ruder kämen. Jedermann, der letzte Scheißer wie seine hohen Herrschaften, wird vom Zeitgeist nur mitgeschleift und glaubt gleichzeitig, seine eigensten Interessen dabei zu verfolgen. Der „objektive Idealist" *Hegel* nannte das um 1800 die „List der Vernunft" des Zeitgeistes. Nicht alle sind des Zeitgeistes ledig, die seiner Ketten (und Etiketten und Goldkettchen) spotten. Der skizzierte Zeitgeist selbst treibt Politik in den Politikern, wenn sie selber handeln zu können glauben.

Wer einen Blick über den Tellerrand seines Zeitgeistes werfen möchte, blickt entweder ins Nichts oder auf unvorstellbares Gebiet. Früher hieß es einmal, dass niemand über den Faschismus reden solle, der nicht über den Kapitalismus reden wolle. Heute müsste es besser heißen : Niemand sollte über den

Kapitalismus reden (schimpfen) dürfen, der nicht über den Industrialismus selbst reden (schimpfen) will, und wer will das schon, wenn er nicht für einen Lobredner des guten alten ewig-gestrigen Zeit(un)-geistes gelten will.

Das gemeine Volk aller Länder ist nicht dumm. Es weiß, dass es nichts machen kann, also nichts, was seine Lage nicht noch verschlechtern würde. Es sollte allem misstrauen, was nach Politkampagnen stinkt, die ja nur von ihren Organisatoren und Stichwortgebern manipuliert werden. Das Volk sollte sich nicht vereinen zu Kollektiven, sondern sich endlich vereinzeln zu Individuen. Politisches Engagement dient und nützt nur dem herrschenden Zeitgeist der Herrschenden. Desengagement der Einzelgänger ist praktischer und ergiebiger und wäre die wahre Antipolitik wider dominierenden Zeitgeist.

Die uralten biblischen Schriften allerdings wussten immer eine Alternative zur Politik des Zeitgeistes. Die Paradiesgeschichte der Genesis ist ein später Nachklang des „Goldenen Zeitalters" von Jahrhunderttausenden eines hierarchielosen Nomadentums, bevor das menschliche Individuum nicht mehr als freier Hirte mit seinen Viehherden in lockeren Familienverbänden über die dünnbesiedelte Erde zog, sondern vor etwa 10.000 Jahren in der "jungsteinzeitlichen Revolution" den Ur- und Erbsündenfall beging, sesshaft zu werden, Privateigentum an dichtbesiedeltem Grund und Boden einzuzäunen, sich mit Getreideanbau und Vorratshaltung explosiv und auch krankheitsanfälliger zu vermehren sowie Ackerbau und Viehzucht zu betreiben in feudalen Sozialstrukturen.

Das und nur das lag und liegt und läge jenseits der politischen Dominanz unseres geschichtlichen Zeitgeistes. Wer will davon etwas wissen?

+ + +

Die Stärke des Christentums ist seine Schwäche
für die Schwachen.

Man sollte das Leben mit mehr Zeichen von Verwund(er)ung als Auszeichnungen überstehen.

Aus gegebenem Anlass : Krieg und Frieden

Die Liebe kann ich dir nicht erklären,
aber meine Liebe oder den Rosenkrieg.

Der Krieg erklärt sich nicht (außer für gerecht),
aber wird verklärt, weil er alles klärt.

Menschenrechte bedeuten Krieg.

Seid nicht so brav, sonst gibt es noch Krieg!

Wir sterben aus. Wir exportieren Kriegszeug.
Wir kriegen Flüchtlingsfluten.

Nur der Krieg macht Arme nicht ärmer, nur verlore-
ne Kriege machen mehr Reiche als Arme ärmer.

Armut flüchtet vor dem Krieg,
Reichtum in den Krieg.

Schriftsteller schließen Frieden mit Papierkriegen.

Die Friedhofsruhe im Krieg ist wie
Produktionsschlacht im Arbeitsfrieden.

Durch friedliche Schönheit erklärt Kunst
der verhassten Welt den Krieg.

Kurzer Krieg ist kein Frieden mit Gott,
doch „ewiger Arbeitsfrieden" ein Weltkrieg
gegens Reich Gottes.

Lebenssinn 3.0 : All-inclusive-wellness
mit malerischem Blick
auf Elendsviertel und Kriegsgräuel.

Dass viele zu viel kriegen,
weil wenige alles kriegen,
schreit nach Kriegen.

Man ist für friedliche Ausbeutung und gegen
kriegerische Vernichtung von Arbeitskräften.

Hätten wir den Atomkrieg doch schon hinter uns
und könnten mit dem einfachen Leben
in freier Natur endlich anfangen!

Sind Krieger unzufrieden,
wenn sie Frieden kriegen?

Wer Weltkriege gewinnt,
lernt keine Fremdsprachen.

Ewiger Friede auf Erden herrscht
erst nach dem nächsten Weltkrieg.

Papierkrieg den Palästen, Arbeitsfriede den Hütten?

Geistloser Kampfgeist der Sportskanonen:
Weltkrieger ohne Kanonen.

Nur eins ist schlimmer als Krieg,
seine Unterdrückung durch Tyrannen.

Befried(ig)ung.
Krieg ist Frieden mit Krieg
oder Krieg gegen Frieden;
Frieden ist Krieg gegen Krieg,
und Frieden mit Frieden ist Tod.

Krieg den Lust-, Friede den Luftschlössern!

Aphorismen sind Gedankensplitter
im Kopf von Bürgerkriegsverletzten.

Was Hans von Grete nicht kriegt,
das sucht er im Krieg,
in den sie nur den schickt,
von dem sie nichts kriegt.

Krieg ist besser als nichts.
Nichts ist besser als Frieden.
Also ist Krieg logisch besser
als der faule Arbeitsfriede der Diktaturen.

Romankonflikte von heute werden erst gelöst
in den Kriegen des nächsten Jahrhunderts.

Nachkriegsdeutsche Parole:
Heim in den Reichtum!

Wir haben umso mehr Angst vor dem Atomkrieg,
je weniger der an unserem Leben ändern würde.
Der moderne Pazifismus ist ein Kampf
von Friedensäxten und Kriegspfeifen.

Arbeitsfriede kriegt ewig Krieg mit Gottes Wort.

Arbeitsteilung ist wie Geschlechterkrieg:
Immer gibt es da bessere Hälften,
und ein Ganzes wird daraus nie.

Die Herrscher aller Länder arbeiten
an der Begrenzbarkeit des Atomkriegs
auf Proletarier aller Länder.

Solange Arbeitsfriede herrscht,
wird Leben geführt wie ein Krieg:
Der Bürger krempelt die Ärmel
des Arbeiters hoch und legt sein Geld an (auf ihn).

Krieg kämpft um Frieden mit Friedhöfen,
Friede arbeitet am Krieg mit Produktionsschlachten.

Der Krieg ist der Vater aller Dinge,
also auch des Geldes.
Kriegskredite finanzieren ihn vor,
der mit größerer Kriegsbeute begleicht.

Der Arbeitsfriede besteht aus Produktionsschlachten, ein Kriegsschauplatz aus Friedhöfen.

Nur Sieger in Kriegen können mehr kriegen.

Führen Völker befriedigende Kriege,
sind ihre Anführer mit sich im Frieden.

Arbeitsfriede gewinnt Produktionsschlachten,
Geschlechterkrieg verliert nur Seelenfrieden.

Krieg mag der Vater aller Dinge sein,
doch Polemik ist die Mutter aller Papierkriege.

Mancher wagt ein unbürgerliches Leben
höchstens mal im Schutz eines Krieges.

Wer im bürgerlichen Konkurrenzkampf fällt,
kann noch Kriegsheld werden.

Jeder Friede führt einen interessanten Krieg
gegen befriedigende Interessen.

Willst du häuslichen Frieden,
rüste zum Geschlechterkrieg!

Sklaverei gilt höher als jeder Krieg,
der sie abschütteln will.

Eine Welt ewigen Friedens wäre heute
eine Welt ewiger Sklavenarbeit,
und eine Welt ohne Arbeit
eine Welt im Dauerkrieg.

Wer in Friedenszeiten den ewigen
Konkurrenzkampf bekämpft,
findet seinen Frieden oft erst im Krieg.

Der Krieg ist der Vater aller Dinge,
der Wunsch der Vater der Gedanken.

Zeugt der Fortschritt mehr Leute,
als er ohne Krieg ernähren kann?

Clausewitz erklärt seinem Leser den Krieg.

Seit die Kirche nicht mehr mit der Hölle drohen
mag, schlimmer als Krieg, kann sie nicht mehr
mit dem Himmel locken, schöner als Sieg.

Wissenschaft und Technik heißt:
Ein dritter Weltkrieg verwandelt die ersten beiden
rückwirkend in Provinzscharmützel.

Ich will weder Krieg noch Frieden
und kriege Krieg mit beidem.

Der Schöpfer schickt die Kriege,
sein bestes Geschöpf die *Tsunamis*.

Frieden schließen heißt neuen Krieg eröffnen.

Weltkriege gegen *Übervölkerung*
heißen allerorten ab jetzt Aborte.

Friedensbewegungen sollten nicht zu mächtig
werden, sie würden Kriegsbewegungen stärken.

Im Frieden muss man Geld haben,
im Krieg wenigstens Recht.

Im Krieg sehen Optimisten nur das *slum clearing*,
Pessimisten den einzigen Weg zum *slum clearing*.

Es herrscht Krieg oder Frieden,
aber immer über Menschen.

Krieg herrscht nur unter Brüdern,
Friede nur zwischen Fremden.

Es herrscht Krieg oder Frieden, Chaos oder ein Ton.

Aufklärung : Liebeserklärung
und Geschlechterkriegserklärung.

Der Mut des Kriegers dient dem Arbeitsfrieden
der Feiglinge.

Nichts trennt uns leichter als ewiger Friede,
nichts vereint Staaten tiefer als Kriege.

Wer sich vor dem Leben drückt,
träumt auch von Krieg und Revolte.

Gewalt zwingt, auf sie zu verzichten,
und nach Kriegen ist gut reden.

Und Gott schuf den Menschen nach seinem Bilde,
er schuf Mann und Weib. Er segnete sie und sprach
zu ihnen : "Seid fruchtbar und mehret euch und
füllet die Erde und machet sie euch Untertan!..."
(l. Mose 27-28) (Adam) freute sich und rief : "Endlich
jemand wie ich! Sie gehört zu mir, weil sie von mir
genommen ist." Darum wird ein Mann Vater
und Mutter verlassen und an seinem Weibe hangen,
und sie werden sein Ein Fleisch. (1. Mose 2,23-24)
Dann vertrieb er den Menschen aus dem Garten Eden.
Denn er dachte : "Nun ist der Mensch wie einer von
uns geworden, und alles Wissen steht ihm offen.
Es darf nicht sein, dass er auch noch vom Baum
des Lebens isst. Sonst wird er ewig leben.
Er soll den Ackerboden bebauen, aus dem
er gemacht worden ist. (l. Mose 3,22-23)
Adam schlief mit seiner Frau Eva, und sie wurde
schwanger. Sie brachte einen Sohn zur Welt und sagte: "Mit Hilfe des Herrn habe ich einen Mann gewonnen."
Darum nannte sie ihn Kain. (l. Mose 4,1)
Ich will die Erde nicht noch einmal bestrafen
und alles Leben auf ihr ausrotten, nur weil die
Menschen so schlecht sind. Ihr Denken und Tun
ist nun einmal böse von Jugend auf. (l. Mose 8,21)
Alle Tiere gebe ich euch als Nahrung.
Nur Fleisch, in dem noch Blut ist, sollt ihr nicht
essen; denn im Blut ist das Leben. Euer eigenes Blut
darf auf keinen Fall vergossen werden. Ich wache
darüber und fordere Leben für Leben, von Tier
und Mensch. Wer Menschenblut vergießt, des Blut
soll auch durch Menschen vergossen werden; denn
Gott hat den Menschen nach seinem Bilde gemacht.

Seid fruchtbar und mehret euch, und reget euch
auf Erden, dass euer viel darauf werden.
(l. Mose 9,3-7)
Er (Ismael: Gott hat gehört) wird gegen jeden
kämpfen und jeder gegen ihn. Er lebt getrennt
von seinen Brüdern und fordert sie alle heraus.
(l. Mose 16,12)
Isaak führte Rebekka in das Zelt seiner Mutter Sarah.
Er nahm sie zur Frau und gewann sie lieb. So wurde er
über den Verlust seiner Mutter getröstet. (1. Mose 24,67)
Du hast mit Gott und mit Menschen gekämpft
und hast gesiegt; darum wird man dich Israel
(Gotteskämpfer) nennen. (l. Mose 32,29)
Je mehr man aber die Israeliten unterdrückte,
desto zahlreicher wurden sie und desto mehr
breiteten sie sich aus. Den Ägyptern wurde
das unheimlich. (2. Mose 1,12)
Dann gab Gott dem Volk seine Gebote. Er sagte : "Ich bin
der Herr, dein Gott, du sollst keine anderen Götter
haben neben mir. Du sollst dir kein Bildnis noch
irgendein Gleichnis machen, weder des, das oben
im Himmel, noch des, das unten auf Erden, oder
des, das im Wasser unter der Erde ist. Bete sie
nicht an und diene ihnen nicht. Du sollst den Namen
des Herrn, deines Gottes, nicht missbrauchen. Du sollst den
Feiertag heiligen. Ehre deinen Vater und deine Mutter,
auf dass du lange lebest in dem Lande, das dir der Herr,
dein Gott, gibt. Morde nicht. Raube nicht. Rede
kein falsch Zeugnis wider deinen Nächsten. Lass dich
nicht gelüsten deines Nächsten Weibes. Du sollst
nicht begehren deines Nächsten Haus, Acker, Knecht,
Magd, Ochsen, Esel, noch alles, was sein ist. "

Wenn ein Israelit einen hebräischen Sklaven kauft,
darf er ihn höchstens sechs Jahre lang für sich
arbeiten lassen. Im siebten Jahr muss er ihn
freilassen und darf kein Lösegeld verlangen.
(2. Mose 21,2)
Wer einen Menschen geraubt hat, wird mit dem
Tod bestraft, gleichgültig, ob er ihn schon verkauft
oder noch in seiner Gewalt hat. (2. Mose 21,16)
Schließe dich nicht der Mehrheit an, wenn sie
auf der Seite des Unrechts steht ... (2. Mose 23,2-3)
Beutet die Fremden nicht aus, die bei euch leben. Ihr wisst
doch, wie es einem Fremden zumute ist, weil ihr selbst
in Ägypten als Fremde gelebt habt. (2. Mose 23,9)
Niemand von euch darf Blut essen. Das gilt
genauso für die Fremden, die bei euch leben.
(3. Mose 17,12) Ich, der Herr, bin heilig;
darum sollt auch ihr heilig sein. (3. Mose 19,2)
Wenn ihr erntet, sollt ihr euer Feld nicht bis an den Rand
abernten und keine Nachlese halten ... Lasst etwas übrig
für die Armen und für die Fremden, die in eurem Land
leben ... Ihr sollt nicht stehlen, noch lügen, noch
fälschlich handeln einer mit dem andern.
Ihr sollt nicht falsch schwören bei meinem
Namen und entheiligen den Namen deines Gottes
... Erpresst und beraubt eure Mitmenschen nicht.
Wenn jemand für euch arbeitet, dann zahlt ihm
seinen Lohn noch am selben Tag ... Beugt niemals
das Recht. Bevorzugt weder den Armen und Schutzlosen
noch den Reichen und Mächtigen ... Wenn du etwas
gegen einen anderen hast, dann trage deinen Groll nicht
mit dir herum. Rede offen mit ihm darüber, sonst
machst du dich schuldig.

Räche dich nicht an deinem Mitmenschen und
trage niemand etwas nach. Liebe deinen Nächsten
wie dich selbst.   Ich bin der Herr!   (3. Mose 19)
Kreuzt nicht Tiere verschiedener Art miteinander.
(3. Mose 19,19)
Begegnet älteren Menschen mit Achtung und helft
ihnen, wo ihr könnt. Dadurch zeigt ihr, dass ihr mich
ehrt. Ich bin der Herr, euer Gott! Unterdrückt nicht
die Fremden, die in eurem Land leben, sondern
behandelt sie genau wie euresgleichen. Jeder von
euch soll seinen fremden Mitbürger lieben
wie sich selbst ... Übervorteilt niemand und
verwendet keine falschen Maße und Gewichte.
(3. Mose 19, 32-35)
Ihr lebt bei mir wie Fremde, denen das Land nur
zur Nutzung überlassen ist. (3. Mose 25, 23)
Wenn ein Israelit neben dir verarmt und seinen ganzen
Besitz verloren hat, dann gib ihm eine Lebensmöglichkeit,
wie du sie auch einem Fremden geben musst. Fordere
keine Zinsen von ihm, wenn du ihm Geld leihst ...
sorgt dafür, dass euer Bruder neben euch leben
kann. (3. Mose 25,35-37)
Wenn ihr Sklaven und Sklavinnen braucht,
könnt ihr sie von euren Nachbarvölkern
kaufen. Auch Fremde, die bei euch wohnen,
könnt ihr als Sklaven erwerben und ebenso ihre
Nachkommen, die in eurem Land geboren sind.
Ihr könnt sie für immer als euer Eigentum
behalten und auch euren Söhnen vererben;
sie müssen nicht freigelassen werden.
Die Israeliten jedoch, eure Brüder, dürft ihr
nicht zu Sklaven machen. (3. Mose 25, 44-46)

Überhaupt dürft ihr alle Tiere essen, die gespaltene
Klauen haben und zugleich ihre Nahrung wieder-
käuen. Auch das Schwein ist für euch verboten ...
Von den Tieren, die im Wasser leben, dürft ihr nur
die essen, die Flossen und Schuppen haben ...
Ihr könnt alle Vögel essen, nur nicht Adler, Geier,
Eulen und alle anderen Raubvögel ... Ihr dürft ein
Böcklein nicht in der Milch seiner Mutter kochen .,.
Jedes Jahr müsst ihr den zehnten Teil eurer Ernte
für den Herrn beiseite legen .. feiert damit ein Fest
in der Nähe des Herrn ... Jedes dritte Jahr aber
sollt ihr den zehnten Teil eurer Ernte in euren Ort-
schaften abliefern und dort in Vorratshäusern
sammeln ... die Waisen und Witwen und die
Fremden, die bei euch wohnen, sollen davon essen,
damit sie keine Not leiden. Wenn ihr so handelt,
wird der Herr alle eure Arbeit segnen. In jedem
siebten Jahr müsst ihr alle Schulden erlassen.
(5. Mose 14)
Wenn ihr auf den Herrn, euren Gott, hört und alle
seine Weisungen befolgt, wird es allerdings gar
keine Armen unter euch geben ... Es wird in eurem
Land immer Arme geben; deshalb befehle ich
euch: Unterstützt eure armen und notleidenden
Brüder! (5. Mose 15,4/11)
Ihr dürft niemand unter euch dulden, der wahr-
sagt oder aus Vorzeichen die Zukunft deutet,
der zaubert, Geister beschwört oder Tote befragt.
(5. Mose 18,11)
Wenn ein Prophet im Namen des Herrn etwas sagt und
seine Voraussage trifft nicht ein, dann hat der Herr
nicht durch ihn geredet; er hat in eigenem Auftrag

gesprochen. Einen solchen Propheten braucht
ihr nicht ernst zu nehmen. (5. Mose 18,22)
Ist jemand da, der Angst hat und sich vor
dem Feind fürchtet? Er soll heimkehren,
damit er nicht die anderen ansteckt und auch
ihnen den Mut nimmt. (5. Mose 20,8)
Eine Frau darf keine Männerkleidung tragen
und ein Mann keine Frauenkleidung. (5. Mose 22,5)
Wenn ein armer Mann für dich arbeitet, darfst
du ihn nicht ungerecht behandeln, gleichgültig,
ob er ein Israelit ist oder ein Fremder, der bei euch
wohnt. Gib ihm seinen Lohn, bevor die Sonne
untergeht ... (5. Mose 24,14) Eltern sollen
nicht für ihre Kinder und Kinder nicht für
ihre Eltern mitbestraft werden. (5. Mose 24,16)
Seinen verborgenen Plan kennt der Herr, unser Gott, allein;
aber seinen Willen hat er uns und unseren Nachkommen für alle Zeiten klar und deutlich
verkündet ... (5. Mose 29,28)
Er selbst wird eure Herzen beschneiden und die
Herzen eurer Nachkommen, so dass ihr den Herrn,
euren Gott, mit ganzem Herzen und mit allen
Kräften lieben könnt. Dann werdet ihr euer Leben
bewahren. (5. Mose 30,6) Das Gesetz, das ich euch
heute gebe, ist nicht zu schwer für euch und auch nicht
unerreichbar fern. (5. Mose 30,11)
Lies dem Volk regelmäßig aus meinem Gesetz vor
und denke selber Tag und Nacht darüber nach ...
(Josua 1,8)
Sie liefen weiter den fremden Göttern nach und
verehrten sie ...Trotzdem hatte der Herr Mitleid
mit ihnen, wenn sie unter der Willkür ihrer

Unterdrücker stöhnten. Er gab ihnen immer wieder
einen Retter, dem er zur Seite stand, und durch ihn
befreite er sie aus der Gewalt ihrer Feinde. (Richter 2,18)
Die Männer Israels sagten zu *Gideon* : "Du hast
uns aus der Gewalt der Midianiter befreit.
Darum sei du unser Herrscher, und auch deine
Nachkommen sollen über uns herrschen."
Aber *Gideon* erwiderte : "Ich will nicht euer
Herrscher sein, und auch mein Sohn soll es nicht
werden; der Herr soll über euch herrschen! ..."
(Richter 8,22-23)
Samuel aber war nicht damit einverstanden,
dass sie einen König haben wollten. Er wandte
sich an den Herrn, aber der antwortete ihm:
"Erfülle ihnen nur ihren Wunsch! Nicht dich
lehnen sie ab, sondern mich. Ich soll nicht länger
ihr König sein! ... Aber sage ihnen zuvor in aller
Deutlichkeit, was ein König für Rechte hat und
was er mit ihnen tun kann..." ... Doch das Volk
wollte nicht auf Samuel hören. Alle riefen : "Nein,
wir wollen einen König! Es soll bei uns genauso sein
wie bei den anderen Völkern! ... (I. Samuel 8,6)
Um Weisheit zu erlangen, braucht ein Weisheits-
lehrer viel Zeit zum Studieren. Die aber hat er nur,
wenn er sich nicht mit anderen Arbeiten abgeben
muss. Wie kann einer Weisheit erlangen, der ständig den Pflug führt und dessen ganzer Stolz der
Stock ist, mit dem er seine Zugtiere antreibt ... Für
Bildung und Rechtswesen ist von ihnen nichts zu
erwarten, kluge Worte kann man von ihnen nicht
hören. Aber sie halten diese Welt in Gang, und ihr
Gebet besteht in der Ausübung ihres Berufs. Ganz

anders steht es mit dem, der sich der Erforschung des Gesetzes widmet, das Gott, der Höchste, gegeben hat ... Fremde Völker werden von seiner Weisheit reden, und die Gemeinde wird seinen Ruhm ausbreiten. Wenn er ein langes Leben hat, wird sein Name berühmter als die Namen von tausend anderen. (Jesus Sirach 38,24-25/33-34 und 39,10-11)

Zitatsachen aus dem *Alten Testament*

Oberster Grundsatz des biblischen Boden- und Besitzrechts ist der Gottesspruch (Lev 25,23): „Mein ist das Land, und ihr seid Fremdlinge und Gäste bei ihm."

Die „Umverteilung des Bodenbesitzes sollte die von Gott gebotene Gleichheit aller Israeliten mindestens einmal pro Generation sozial-ökonomisch wiederherstellen, so verarmten, in Abhängigkeit geratenen Landlosen eine Zukunftsperspektive eröffnen, die Grundbesitzer zu ihrer Freilassung verpflichten und ihnen einen gemeinsamen Neuanfang gewähren.
Menschliche Besitz- und Herrschaftsverhältnisse sind demnach nicht ewig, sondern müssen nach dem Willen des Gottes Israels regelmäßig zugunsten der Besitzlosen verändert werden."

(Aus : *Wikipedia* zum Stichwort „Erlassjahr")
Siehe auch : *Amos* 5, 11 f.:
„Darum, weil ihr die Armen unterdrückt und nehmt von ihnen hohe Abgaben an Korn, so sollt ihr in den Häusern nicht wohnen, die ihr von Quadersteinen gebaut habt. Denn ich kenne eure Freveltaten, die so viel sind, und eure Sünden, die so groß sind, weil ihr die Gerechten bedrängt und Bestechungsgeld nehmt und die Armen … unterdrückt."

In Jes 65, 21 f. heißt es zu den Armen:
„Sie werden Häuser bauen und selbst darin wohnen, sie werden Reben pflanzen und selbst ihre Früchte genießen. Sie bauen nicht, damit ein anderer in ihrem Haus wohnt, und sie pflanzen nicht, damit ein anderer die Früchte genießt. (Siehe auch : 1. Kön 21, Amos 2, Jer 34,8ff.)

Jesus beginnt sein Auftreten laut Lk 4,18 ff. in der Nazareth-Synagoge mit dem Zitat der Verheißung eines endzeitlichen Erlassjahres (Jes 61,1):

„Der Geist des Herrn ruht auf mir; denn der Herr hat mich gesalbt. Er hat mich gesandt, damit ich den Armen eine gute Nachricht bringe; damit ich den Gefangenen die Entlassung verkünde und den Blinden das Augenlicht; damit ich die Zerschlagenen in Freiheit setze und ein Gnadenjahr des Herrn ausrufe.“

„Er kommentiert das Zitat mit dem einzigen Satz : „Heute hat sich das Schriftwort, das ihr eben gehört habt, erfüllt.“ Damit drückte er aus, dass sein Wirken das gebotene Erlassjahr endgültig verwirklichen werde, dieses vergessene Gebot also gültig geblieben sei. Der Text gilt in der neueren NT-Exegese als programmatische Zusammenfassung der Verkündigung Jesu und seiner Absicht, die Toragebote für die Armen und Benachteiligten zu erfüllen.

Dem entsprechen Jesu Seligpreisungen
in der Bergpredigt (Mt 5, 3-12)“.

(Zitat aus *Wikipedia* : Stichwort „Erlassjahr“)

Biblische Spruchweisheit

Der Herrgott spricht: "Mein Wort erkennt man daran, dass es wie Feuer brennt. Es ist wie ein Hammer, der Felsen zerschlägt!" (Jeremia 23,29)
"Sei kurz im Wort und ausführlich im Denken." (Sprüche der Ssoferim)

"Es ist alles ganz eitel, sprach der Philosoph, ganz eitel. Der Philosoph war ein erfahrener Lehrer, der ständig sein Wissen an das Volk weitergab. Er untersuchte viele Sprüche und prüfte sie auf ihren Wahrheitsgehalt. Er verfasste auch selbst viele Sprüche. Er mühte sich, seinen Worten eine schöne Form zu geben, dabei aber ehrlich zu bleiben und die Wahrheit zu schreiben. Die Worte erfahrener Lehrer wirken wie der spitze Stock, mit dem der Bauer seine Ochsen antreibt. Sprüche gleichen eingeschlagenen Nägeln; sie bleiben fest sitzen. Sie sind eine Gabe Gottes, des großen Hirten. Hüte dich, mein Sohn, vor anderem mehr; denn viel Büchermachens ist kein Ende, und viel Studieren macht den Leib müde." (Koh. 12, 8-12)

"Wie kann einer Weisheit erlangen, ... dessen ganzer Stolz der Stock ist, mit dem er seine Ochsen antreibt ... " (Sirach 38,25)

Lichtenberg klagte, sein Aphorismus habe oft nur mit dem Stock gezeigt, wo er mit der Nadelspitze hätte zeigen müssen.

Europäische Aphoristik seit Pascal lässt sich auch begreifen als literarisches Säkularisat religiöser Spruchweisheit. Alle großen Weltreligionen bevorzugten die prägnante Überlieferungsform der geistlichen Spruchgutsammlung. Koptische Christen des 4. und 5. Jahrhunderts sammelten auffällige "Aussprüche der Kirchenväter" *(Apophthegmata Patrum)* als einprägsame Maximen der Frömmigkeit. Seit 1591 wurden die "Apophthegmata Ebraeorum ac Arabum" in Europa übersetzt. Beispiel : "Er ist wie ein Kamel auf der Pilgerfahrt, es stirbt vor Durst, während es das Wasser auf seinem Rücken trägt."

Beispiel für einen antithetischen Parallelismus im AT : "Mancher gibt viel und wird doch noch reicher, mancher kargt über Gebühr und wird nur ärmer." (Sprüche 11,24).

Beispiel für ein chiastisch antithetisches Paradox im NT :

"Wer sein Leben retten will, der wird es verlieren; wer aber sein Leben verliert um meinetwillen, der wird es finden." (Mt. 16,24)

Das Alte Testament enthält "Proverbien", die "Aphorisms of Solomon" *(Francis Bacon)*:

"Der Reiche kann sein Leben freikaufen;
den Armen kann man nicht erpressen."

"Ein guter Mensch kann seinen Besitz auf
Kinder und Enkel vererben; der Sünder sammelt
Reichtümer für andere, die Gott gehorchen."
"Wer sich erhitzt, macht Dummheiten;
wer kalt berechnet, macht sich verhasst."
"Gott wird geehrt für das, was er verborgen hält;
Könige werden geehrt für das, was sie aufdecken."
"Wer mit Lügen verletzt, muss sich hassen;
Verleumdung führt zu Vernichtung."
"Ein ruhiger Winkel unterm Dach ist besser als
 ein ganzes Haus mit einer zänkischen Frau."
"Mancher ist arm an großem Gut,
mancher ist reich bei seiner Armut."
"Einen Armen hassen auch seine Nächsten,
aber Reiche haben viele Freunde."
"Des Vaters Segen bauet den Kindern Häuser, aber
der Mutter Fluch reißet sie nieder." (Sirach 3,11)
"Die Narren haben ihr Herz im Maul, aber die Weisen haben ihren Mund im Herzen." (Sirach 21,28)
"Halt den Knecht zur Arbeit, so hast du Ruhe vor
ihm; lassest du ihn müßig gehen, so will er Junker
sein." (Sirach 33,26)
"Es kommt einer aus dem Gefängnis zum Königreiche, und einer, der in seinem Königreiche geboren ist, verarmet." (Prediger 4,14)

"Die Weisheit des Armen wird missachtet, und auf
seine Worte lauscht keiner." (Pred. 9,16).
"Der Narr glaubt, dass alle Narren sind."
(Midrasch zu Sprüche 10)
"Was dir verhaßt ist, das tue deinem Nächsten nicht
an. Das ist das ganze Gesetz, alles andere ist Ausle-
gung. Geh und lerne!" (Bab. Talmud, Schabbat 31)
Die "Sprüche der Väter" ("Mischna Awot")
ähneln Aphorismen:
"Tue Seinen Willen wie deinen Willen,
damit Er deinen Willen tue wie Seinen Willen."
"Richte deinen Gefährten nicht,
ehe du nicht in seine Lage gekommen bist."
"Wo kein Mehl ist, da ist kein Gesetz;
wo kein Gesetz ist, da ist kein Mehl."
"Nicht liegt es auf dir, das Werk zu vollenden,
aber du bist auch nicht frei, von ihm abzulassen."
"An jedem, der das Joch des Gesetzes auf sich
nimmt, geht das Joch der Regierung und des
Existenzkampfes vorüber. Wer aber das Joch
des Gesetzes von sich lädt, dem gibt man das Joch
der Regierung und der täglichen Sorgen."
"Alles ist vorgesehen,
aber freier Wille ist gegeben."
"Der Lohn für eine Gebetserfüllung ist eine Ge-
botserfüllung, und der Lohn für eine Übertretung ist
eine Übertretung."

"Jeder, der das Gesetz aus Armut erfüllt, wird schließlich dazu kommen, es aus Reichtum zu erfüllen, und jeder, der das Gesetz aus Reichtum auflöst, wird schließlich dahin kommen, es aus Armut aufzulösen."

"Sei ein Schwanz bei den Löwen, aber kein Haupt bei den Füchsen."

"Schöner ist eine einzige Stunde der Umkehr und guten Taten in dieser Welt als das ganze Leben der kommenden Welt, und schöner ist eine einzige Stunde der Erquickung in der kommenden Welt als das ganze Leben in dieser Welt."

Auch das Neue Testament enthält viele aphoristisch zugespitzte Sprüche Jesu. "Selig sind, die da geistlich arm sind, denn das Himmelreich ist ihr." (Mt.5,3) Die Bergpredigt ist reich an Umdeutungen und Kontrafakturen: "Ihr habt gehört, dass da gesagt ist : Auge um Auge, Zahn um Zahn. Ich aber sage euch, dass ihr nicht widerstehen sollt dem Übel; sondern, so dir jemand einen Streich gibt auf deinen rechten Backen, dem biete den anderen auch dar." (Mt. 5,38-39) "Ihr habt gehört, dass gesagt ist: Du sollst deinen Nächsten lieben und deinen Feind hassen. Ich aber sage euch : Liebet eure Feinde; segnet, die euch fluchen; tut wohl denen, die euch hassen; bittet für die, so euch beleidigen und verfolgen" (Mt. 5, 43-44). Aber auch hier bezieht Jesus sich nur auf einen Spruch des AT : "Hungert deinen Feind, so speise ihn mit Brot; dürstet ihn, so tränke ihn mit Wasser. Denn du wirst feurige Kohlen auf sein Haupt häufen, und der Herr wird dir's vergelten."

(Siehe auch Sprüche Salomonis 25,21-22)

Was Jesus mit dem Alten machte, machen moderne Aphoristiker oft mit beiden biblischen Testamenten. Nicht mehr die Bibelfestigkeit schafft hier den fraglosen Hintergrundkonsens, von dem die spielerische Umdeutung sich oft ketzerisch abhebt, sondern das trivial gewordene Sprichwort, dessen biblische Herkunft gar nicht mehr bekannt ist. Die sentenziöse Kontrafaktur sprichwörtlich gewordener Bibelzitate ist einer der Ursprünge moderner literarischer Aphoristik überhaupt – auch und gerade dort, wo das Christentum nicht mehr die Profankultur beherrscht. Ein abgenutzt überliefertes Wort wird aufgegriffen, in einen veränderten Zusammenhang gestellt und mit einem neuen Sinn versehen. Die desakralisierten Trümmer christlicher Kultur sind nur noch zitierbare Bildungsrudimente und die Rohstoffe für metaphoristisches Weiterdenken.

Herzlichen Glückwunsch zum 250. Geburtstag!

Ein schwer erziehbarer und zu schwermütiger Selbstreflexion neigender, ein narzisstisch verschlossener und selbstmordgefährdeter Knabe, der später Ritter des päpstlichen Christusordens und von Metternich zum k.u.k. Legationsrat nobilitiert werden sollte. Sein älterer Bruder August Wilhelm war ihm Vater, Freund und Erzieher, beide "Götterbuben" wurden zu "Dioskuren der Kritik". Die Französische Revolution, Fichtes Wissenschaftslehre und Goethes Wilhelm Meister waren die Sterne seiner Jugend, und Goethe wie Fichte ließen sich seine Bewunderung voller Bewunderung gefallen. Später nannte Goethe ihn "den immer Hetzenden und immer Gehetzten und eine rechte Brennnessel".

Sein Freund Novalis schrieb ihm 1796 : "Mein Lieblingsstudium heißt im Grunde wie meine Braut. Sophie heißt sie – Philosophie ist die Seele meines Lebens." "Philosophische Nachforschung (ist) für mich selbst eigentlich immer die Hauptbeschäftigung geblieben", gestand der "gereifte Querpfeifer" noch 1827 in seiner gegen den deutschen Idealismus gerichteten "Philosophie des Lebens". Den. arabesken Eros der "Lucinde" (1799) ersetzte er später durch die christliche Caritas, frivole Athenaeum-Fragmente wichen religiösen Fragmenten. Lob von Frechheit und gottähnlichem Müßiggang, Witz und Ironie der "kritischen Chamfortaden", Paradoxie und republikanische "Symphilosophie", wurde alles der Kirche geopfert? Die "ungewöhnliche Ansicht des gewöhnlichen Lebens" mutierte von universaler Kritik über den mystischen Pantheismus Schellings zu katholischem Personalismus. Die christlichen Sakramente vollendeten ihm nur die mythologischen Allegorien, Signaturen und "Hieroglyphen der Natur".

Vier bedeutende Zeitschriften hatte er geleitet: "Athenäum"(1798-1800), "Europa" (1803-1805), "Deutsches Museum"(ab 1812) und "Concordia"(1820-1823). Der junge Protestant Friedrich Schlegel schrieb Fragmente à la Chamfort, der ältere Katholik Schlegel hätte Fragmente à la Joubert schreiben können.

Seine Frau Dorothea, die älteste Tochter Mendelssohns, hatte sich von dem Bankier Veit scheiden lassen, für den sie protestantisch konvertiert war, und beide Protestanten konvertierten 1803 katholisch, um heiraten zu können. Nach der Bekehrung begann die Jagd auf Schlegel : "Fast soll er schon fett, bequem und schwelgerisch wie ein Mönch sein", hetzte Schwägerin Caroline. Erst war er seiner Umgebung zu frech gewesen und dann zu fromm, erst allzu freigeistig und dann zu geistlich, entrüstete Ernst Robert Curtius sich über die meist klein(bürger)liche Entrüstung, die Fritz Schlegel bis heute herruft.

"Man findet mich interessant und geht mir aus dem Wege ... Wo ich hinkomme, flieht die gute Laune, und meine Nähe drückt", schrieb der "kalte Witzling", klassische Gräkomane und brillante "Sonderling, das ist ein Narr mit Geist". Die "Moderne" war für ihn "Übergewicht des Charakteristischen, Individuellen und Interessanten", ein "Streben nach dem Neuen, Piquanten und Frappanten". Das Naive mit dem Sentimentalischen, die antike "Kunst der Begrenzung" wollte er vermitteln mit

moderner "Kunst des Unendlichen" im romantischen Roman. „Die größte Inkonsequenz in Fichte ist, dass das reine Sein lebendig sein soll und doch ohne Mannigfaltigkeit": Wirkliche Individuen seien aus dem reinen Begriff nicht herausdifferenzierbar.
War das schon Adorno lange vor Adorno?

Im Kreise von Novalis, Tieck, Schleiermacher, Schelling, Fichte und ihren Frauen wurde heiß "symphilosophiert" über individualistische Originalität, Religion der Freundschaft und der Liebe, Universalität und liberale Progressivität. "Ich kann von meinem ganzen Ich gar kein anderes enchantillon geben, als so ein System von Fragmenten, weil ich selbst dergleichen bin", schrieb er 1797 an seinen Bruder. "The most heterogeneous ideas are joked by violence together" *(Samuel Johnson)*. Fritz Schlegel wollte auch in der Religion die "poetische Reflexion immer wieder potenzieren und wie in einer endlosen Reihe von Spiegeln vervielfachen" durch "steten Wechsel von Selbstschöpfung und Selbstvernichtung".
Das religiöse Opfer sei "die Vernichtung des Endlichen, weil es endlich ist ... Vernunft ist frei und selbst nichts anderes als ein ewiges Selbstbestimmen ins Unendliche ... In der Begeisterung des Vernichtens offenbart sich zuerst der Sinn göttlicher Schöpfung." – "Igel" : Aphoristische Bruchstücke sind die "zerbrochenen Gefäße" der Kabbala, welche die göttlichen Lichttropfen auffangen. Demut tritt auf als Ironie : "Durch sie setzt man sich über sich selbst hinweg." Es sei "Selbstparodie", durch die "man sich über alles Bedingte unendlich erhebt, auch über eigene Kunst, Tugend oder Genialität."
Später verwarf Schlegel die Eitelkeit in dieser Art von Demut. "Ironie ist klares Bewußtsein der ewigen Agilität, des unendlich vollen Chaos".

In der Jenaer Vorlesung "Über Transzendentalphilosophie" von 1800 nahm "Herr Friedrich mit der leeren Tasche", immer in Geldnot, die anti-idealistische Nichtidentitätsphilosophie Adornos vorweg. Seine "Reise nach Frankreich" führte zum "Kosmopolitismus der europäischen Kultur". Die Franzosen lieben ihn so, wie die Deutschen ihn als "rückwärts gekehrten Propheten" bis heute verachten. Erst von Paris aus sah er, wie weit er Deutscher war, und begann den "Weg nach innen" in den "göttlichen Urgrund". Der Begründer der deutschen Indologie und historischen Geisteswissenschaften dachte, dass in Asien "alles in Einem mit ungeteilter Kraft aus der Quelle springt", während in Europa "der Geist des Menschen zersetzen, seine Kraft sich ins Unendliche teilen" solle und wolle.

"Die Vernunft ... bringt es nicht weiter als bis zu einem leblosen Es." 1812 schrieb Schlegel, "dass jedes wahrhafte Du eine Liebe voraussetzt, die mehr ist... als die Vernunft... Nur in diesem Du aber wird das tote Es, das notwendige Wesen der Vernunft, zu jenem Er, dem lebendigen Gott ... und nur dadurch wird das ewig in sich kreisende und schwindelnde Ich aus sich selbst herausgerissen und mit diesem furchtbaren Er im liebevollen Du verbunden." — Deutete diese personale Dialogreligion nicht schon auf Buber und Scheler voraus?

Die preußischen Protestanten hatten den Schwaben Hegel, die katholischen Habsburger den Preußen Schlegel für ihre christliche Geschichtsphilosophie. Die Könige wurden wie bei Novalis nicht hofiert, sondern am göttlichen Gesetz gemessen, gewogen und zu leicht befunden. Die Träumer Schlegel und Novalis waren realistischer als ihre Verächter : Wo die politische Revolution

in Frankreich pervertiert und in Deutschland vereitelt
schien, blieb nur Kants "Revolution der Denkungsart"
übrig, um nicht utopistisch zu verschwärmen. Vom fran-
zösischen Republikanismus ging es bei Hegel zur preußischen und bei Schlegel zur österreichischen Erbmonarchie, aber die katholische Kirche entschied sich dann
doch für Sankt Thomas und gegen den "Blei-Schlegel";
die evangelische Kirche entschied sich für Luther und
gegen Hegel. Die Protestanten Kant, Fichte, Schelling,
Hegel, Marx und Schopenhauer teilten Luthers Antisemi-
tismus : Katholik Schlegel war die große Ausnahme, die
das "Bürgerrecht der Israeliten" zeitlebens einforderte.
Er war auch kein Sprachrohr Metternichs.

Jacobis "Salto mortale in den Abgrund göttlicher
Barmherzigkeit" sprach er so wenig heilig wie Hegels
"Pietismus der Vernunft". In den "vier Systemhäuptern"
Kant (Verstand), Jacobi (Wille), Fichte (Vernunft) und
Schelling (Phantasie) sah er alle Möglichkeiten der
"Übereinstimmung des Denkens mit sich selbst" erschöpft. Dieser "erste Cyklus der deutschen Philosophie"
sei nach 1800 "ganz beschlossen und vollkommen vo-
rübergegangen". Hegels "absoluter Stumpfsinn für alles
Göttliche bei einem unendlichen Fluss und Zufluss des
leeren, abstrakten Denkens" sei der "edlen Inkonsequenz
Fichtes unterlegen. Hegel nannte Schlegels Subjektivis-
mus das "absolute Böse", und Schlegel nannte die Staats-
frömmigkeit Hegels satanisch. Die Dialektik, die sie
verbinde, war nach Kierkegaard wichtiger als die Konfes-
sion, die sie trenne.

Seine Vorlesungen waren Literatur-, Philoso-
phie- und Religionsgeschichte zugleich. Wo die reale
Geschichte stockte, blühte der mystische Rationalismus

Schlegels als paradoxe messianische Vereinigung alles real Unvereinbaren in der Welt. Der Messias ist noch nicht erschienen, das Ding an sich noch keine Erscheinung, das Sein noch nicht vom Bewusstsein bestimmt, das Ideal noch nicht realisiert, die Objekte entsprechen noch nicht ihrem Inbegriff; Gesetzgeber, Weltenrichter und Heiliger Geist sind noch gewaltgeteilt, Gott und die Welt noch unversöhnt, Mann und Frau noch nicht Ein Fleisch, Gehalt und Gestalt sind noch Feinde, die Seele ist noch nicht im Himmel und der Himmel noch nicht auf Erden. "Gott werden, Mensch sein, sich bilden, sind Ausdrücke, die einerlei bedeuten", Menschheit sei "absolute Synthese absoluter Antithesen" von Bildungsbürgern. Die Gesellschaft werde reformiert durch "Geselligkeit, das *wahre* Element der Bildung, die den *ganzen* Menschen zum Ziel hat". Dass er organisches Wachstum gegen gesellschaftliche Organisationen ausspielte, wurde ihm bis heute nicht verziehen. "Das Ich des Ichs ist das Potenzieren; das aus sich Herausgehen das Wurzelausziehen der Mathematik". Jeder Satz enthalte seinen Gegensatz schon in sich und jeder Spruch seinen eigenen Widerspruch : Jedes Teilchen treibe sein Gegenteil aus sich hervor, um sich durch seine Antithesen hindurch weiterzuentwickeln. Friedrich Schlegel antwortete auf Fichte mit katholischer Sinnenfreude, Marx auf Hegel mit materieller Praxis. Kierkegaard und Schlegel waren nicht fromm, sondern verteidigten die Religion nur so, dass sie die moralische Allgemeinheit übersprangen und die Ästhetik ästhetisch angriffen. Genuin religiöse Schriftsteller waren sie gerade als ästhetische Psychologen. Zehntausende von Fragmenten seiner "Philosophischen Lehrjahre" (1775-1828) : Sein Hauptwerk war die streng aphoristische Weigerung, eines zu schreiben. Was er von Plato sagte, gilt für ihn : "Er ist nie mit seinem Denken fertig geworden". Mit Platon verband ihn lebenslang der "Trieb nach Tätigkeit" als "Sehnsucht nach dem Unendlichen" durch dialektische Selbstaufhebung alles Endlichen hindurch. Baader, Görres und Adam Müller? Seine Freunde Tieck und Schleiermacher vermuteten, "er habe auch im Katholizismus kein endgültiges Genügen gefunden und kurz vor seinem Tode davon abzurücken begonnen."

Die Jenaer Frühromantik war die reflektierteste Kunst-Epoche der deutschen Geistesgeschichte. Egon Friedell schimpfte sie einen irrationalistisch verkleideten Hyperrationalismus, eine hinter Projekten und Programmen schlau versteckte poetische Impotenz, propagandasüchtig und publikumsfeindlich zugleich mit den als Kunstmärchen maskierten Satiren. Friedell spielte den Idealisten Novalis aber ganz zu Unrecht gegen den Rationalisten Schlegel aus, dem er doktrinären Geniekult vorwarf. Sind Schlegels Grenzen nun Grenzen der romantischen Germanistik oder der katholischen Internationale?

"Wir haben an Friedrich Schlegel viel gutzumachen, denn kein großer Autor unserer Blütezeit ist so missverstanden, ja, so böswillig verleumdet worden, schon zu seinen Lebzeiten, aber merkwürdigerweise auch noch lange darüber hinaus, ja, eigentlich bis auf die unmittelbare Gegenwart", schrieb *E. R. Curtius* 1932, und diese Worte gelten noch heute. Sein Wiederentdecker *Joseph Körner* und die Philosophen *Dilthey* und *Dempf* haben daran nichts ändern können – bis heute eigentlich.

Harro Zimmermanns moderne Biographie versuchte, ihm besser gerecht zu werden, verfehlte aber sein Leben mehr als sein Denken.

Sprachfeier zum Straßenfest

§ 1: Neue **Straßenfestordnung.**
Die Betroffenen haben sich in möglichst zahlreicher Erscheinung, spontaner Ausgelassenheit und geziemendem Frohsinn am Ort des Geschehens einzufinden und durch Vorlage eines Personalausweises von straßenfremden Spitzelschnorrern abzugrenzen.

§ 2: Gesundheitlich Verhinderte und andere Arten des Selbstausschlusses sind unstatthaft, haben ein ärztliches Attest drei Tage vor Festbeginn bei der Straßenfestspielleitung vorzulegen und sind in ihren Krankenbetten an die Straßenfenster zu schieben, um sie dem heilsamen Einfluss des Festverlaufs dosiert auszusetzen.

§ 3: Gemeinschaftserlebnis wird hergestellt durch allgemeinen dicken Kopf und verdorbenen Magen, den der freie Austausch von Selbstgebackenem, Selbstgekochtem, Selbstgebratenem u. Selbstvergorenem bereiten werden.

§ 4: Leute, die einander sonst nicht einmal grüßen, werden angehalten, einander von der besten Seite kennen zu lernen, und zu einer Straßenschicksalsgemeinschaft zusammengeschlossen als kleinster Zelle eines beiwohnungsübergreifenden Stadt-

teil-Biotops, damit Nachbarn, die zehn Jahre lang keinen Grund sahen, miteinander ins Gespräch zu kommen und nur aneinander vorbeizureden, endlich gezwungen werden zu entdecken, dass sie wirklich Recht daran taten, nicht mehr miteinander auszutauschen als den frohgemut gleichgültigen Zuruf:
"Guten Tag, guten Weg!"

§ 5: Das Straßenfest ist tunlichst als Kinderfest aufzuziehen, in das alle sich einbringen können zur gefälligen Selbstverwirklichung, aber auf dem den Erwachsenen die peinliche Entdeckung erspart werden soll, dass sie ohne ihre Kinder einander gar nichts zu sagen hätten. Die Großen stehen in zwangloser Gruppierung um das muntere Treiben ihrer lieben Kleinen herum, kommentierend und ermutigend, anfeuernd oder tröstend. Bevorzugt seien Kampfspiele, in denen es keine Sieger und auch keine Verlierer geben kann, keine Tränen der Wut und der Trauer und Schadenfreude. Ein permanenter Gesprächsaustausch über Eltern-Kind-Beziehungskistenentwicklungen der vergangenen Jahre wird die unter Festerfolgszwang zu leicht sich verkrampfende Atmosphäre wohltuend auflockern.

§ 6: Jeder teilnehmende Straßenbewohner versucht, sich in einen beliebigen anderen Straßenbewohner zu verkleiden und von den anderen erraten zu lassen, ohne durch satirische Überzeichnung festfremde Verstimmungen zu erzeugen.

§ 7: Erwünscht ist ein beherztes "Coming out" und Mitmachen statt eine hämische Zuschauerpose im kritischen Abseits. Als festunverträgliches Verhalten ist einzustufen eine Passivität ohne kreative Eigenbeiträge zum Festgelingen oder gar ein betont reserviertes Sichdraussenhalten zum Zwecke eines Urteils von außen und von oben herab.

§ 8: Wer sich nur beigesellt mit der stummen Bitte : „Nun macht mal was mit mir"!, wird bei der Hand genommen und einfach in den frohen Reigen hineingezogen, ohne sich beschweren und beklagen zu dürfen.

§ 9: Ein Straßenfest ist so gut, wie es jene behandelt, die daran gar nicht teilnehmen wollen. Die Weigerung teilzunehmen bleibt begründungspflichtig. Wer demonstrativ fernbleibt, weil das Fest in seinen Augen von vornherein ein Fiasko oder weil es nur allzu gelingen droht, ist jeweils nach Persönlichkeit des Betreffenden mit Zwangsausschluss oder Zwangsteilnahme zu bestrafen für die folgenden zehn Jahre, gleichgültig, wo der Festverweigerer sich gerade aufhält. Der Wohnsitz gilt als Vollstreckungsvollzugsermächtigung der Nachbarn.

§ 10: Frohes Straßenfest in verkehrsberuhigter Wohnlage wünscht das bedankenswert gute Straßenfestvollzugskomitee!!

Kein Karfreitag ohne Kartoffeln! Interniert die Internisten! Sie'ben b'lieben, au'ch Er'ben st'erben. Sie b'rüsten sich mOrden-tlich mit ei-nem schWall von p'rüden wOrten, wenn die Erb´leichen erbleichen. Sei ein Mamann und t'räum das weck von der stRasse. Nie'der mit schWer-mut! Der eine muß geröstet, der andere getröstet wer?denn. Ein anderer war der Wanderer, d'er t'olle H'echt, die all'te S'au. Streue die Treue über die Reue, denn List ist Mist, au'ch die L'ist der Fern'unft. Haut die Haut der Kur'tea'-sahne, ihr Fernseemänner mit der schWindsucht! Schwimmer, wimmer du nicht immer ! K'reisen in guter K'luft, da Braut s'ich was? zuSamen. Umziehen oder Rumziehen: H'aus oder Hau's, du Viel'ist'er AllEs h'offen und frustikahl eingeriechtet? Leite uns nicht in die pLeite! Ich bin meine Feder, mein: Pen'sum. Po'in'tier das mal. Wie heiß't die LOO-sung? Die Infant'ahh'sie an die Ma-macht! Der Pate und die Mate setzen Matina an und werden Matien-ten bei Dr. Mamabusen oder Patrosen auf hoher See'le. Sau'f oder s'auf, liebe FrAu, her mit deinen Himbären, mit deinem St'Allgeruch und Kladrei und Klavier und KannAal ! Haßt du die Hast beim JA-gen und Neingen, du Pikanthr'opus erecktus? Hoffensiv ang'reifen ! Weck das B-Wust- sein! Siegen oder versiegen, heiß't Es ja, verwinden oder verschwinden: Er'ben oder sie'ben auf ERden oder au'f

SIEden, mit dem Stempel die'reckt in den Tempel!
Ein sPaß ohne T'Adel, w'er lacht in der Sch'lacht?
SchLeier über Eier und rein in den Schrei'n; Bill of
Rights ? Unbill uff Reiz. Sie'h da's b'laue Pfeilchen
au'f d'er Wie'se und das Spinn'abGörl des JA'hres,
die StUte. d'Rücken? BettRügen? B-fangen? Rein-
fach umfangen und angefangen ! — In der Vieh-
Trine geht der Veteran fetter ran ohne BescHuldi-
gungen. Man ist ein Affe mit wAffe. AllEs nUrSa-
chen & Wir'-kungeln und Hos-pi-talfahrten ins
B'laue. Und was d'ihr eigen, willste nun z'eigen?
Willkommen oder Willgehen? In'cock'-nie'to? AU'f
den Heck-Tisch kommen ERbsen und SIEbsen mit
auTomatensalat und Schicksalat, und die Alten h'alten auf EckleckTisch. Ohne Rang an den StRang!
Ende oder Wende? Wen?den! Zirkus-clown oder
Zierkuß klaun. DU'DEN? Wie schrei'bt sich das,
wie seh'reibt sich das? Nach dem Vers tauchen und
die gLieder verstauchen mit Vers-Tand? Kein Griff
am Riff, keine Alm ohne Halm, ihr Ursachverstän-
digen auf diesen Recklahmephotos. Ich b'rauche
einen Trick o'der STrick. St'reife mich, recke dich,
seh'recke mich, befleck mich!

Er'st protzt er, er'st strotzt er, dann rotzt Es,
das Es-Werkzeug des homme à dame, der gen Ita-
lien ins wEIbliche Genietal sieht und zieht. Darf ich

Annie mal sehen als Animal und Rachitis an ihr nehmen? Cordhose oder Rekordhose, das ist die Frage. S'ich'er: Stop at the top, I'm sad but no sadiste. Und evick b'lockt das wEIb. Ich mach aus dir Aff'o'rißMus, und wir gehen ineinander über, d'ringend & b'ruchlos. Schone diese Schönen, du Schongeist ! Frauen können sich gut k'leiden, und der Weise heute hat Ab-weisheit und Ausweisheit. Sch'wär-me ohne BetRüben und hau sie zu Spas-Mus. Leiten oder gleiten, heiß't Es, liegen und flie-gen zuckgLeich. Herzlich BeilEid ! Er lökt wider, und sie lockt ihn wie-der, den St'ach'chel. Kann'-die'dat? Soll'dat? Beneiden oder beschneiden!

Bestandteil oder BestAnteil oder Anna log auf dem Rücken der PfERde, persöhnlich oder per Sohn und versöhnlich: Das ist ein nOvum. Oh, dein Becken-'nen und GehWebe, Papanik und Mamanie in Schweingeweide, AllEs gerettet aus dem Mamatsch und der Papatsche und aus dem Hungersnotzucht-haus. KapitalisMus? Profitnesstraining. Sozialis-Mus? Kontrafitgesellschaft. Und die Ehe ist Kon-trastitution. Kann'i, Baal? Ernst bLochs Hoffenba-rungen zahlen kein Offenbargeld und hauen die Mamassen zu AuTomaterialis-Mus. Komm, Miß Kopf und iss dein Fideikommißbrot und sei nicht so k'rachsüchtig.

Philosophische Grundbibliothek

Chuang-tsi: „Das wahre Buch vom südlichen Blütenland"

L. Annaeus Seneca : „Briefe an Lucilius"

Michel de Montaigne : „Essais"

Imm. Kant : „Grundlegung zur Metaphysik der Sitten"

S. Maimon : „Versuch einer neuen Logik … " (1794)

G. Fr. Hegel : „Phänomenologie des Geistes" / „Ästhetik"

Arthur Schopenhauer : „Aphorismen zur Lebensweisheit"

Friedrich Nietzsche : „Menschliches, Allzumenschliches"

Nicolai Hartmann : „Das Problem des geistigen Seins"

Hedwig Conrad-Martius : „Der Selbstaufbau der Natur"

Th. Adorno : „Minima moralia" / „Ästhetische Theorie"

Jean-Paul Sartre : „Der Idiot der Familie"

Hermann Schmitz : „Der unerschöpfliche Gegenstand" /
    „Der Weg der europäischen Philosophie"

I.M. Bochenski / A. Menne : „Grundriss der Logistik"

Hans Blumenberg : „Wirklichkeiten, in denen wir leben",
    „Die Vollzähligkeit der Sterne"

Übersicht zum Gesamtwerk

Zwischen **Unterschicht**-Herkunft („Herren tut es leid, Knechten tut es weh") und religiösem **Himmelhoch** („Der Ewige und sein Urprojekt", „Neuer Cherubinischer Wandersmann") hier die drei Säulen eines lebenslangen Schreibprojekts:

1. *Tiefenpsychologie der Philosophie* („Wenn die Seele auf den Geist geht", „Heideggers philosophischer Eros")

2. *Satiren* (Essay- und Aphorismenbände)

3. *Idyllen* („Aufsätze zur logischen Form", „Zur Dialektik und Phänomenologie der Natur- und Kulturidyllen" und „Glückliche Idyllen kontemplativen Lebens im Elfenbeinturm")

   Karl Poppers „Drei Welten" : (Idyllische) Physis, (kritische) Ideen und (philosophische) Psyche.

Sekundärliteratur zum Aphorismus

Gerhard Neumann (Hg.): „Der Aphorismus.
Zur Geschichte, zu den Formen und Möglichkeiten
einer literarischen Gattung", Darmstadt 1976

„Ideenparadiese. Untersuchungen zur Aphoristik
von Lichtenberg, Novalis, Friedrich Schlegel und
Goethe", München 1976

Peter Krupka: „Der polnische Aphorismus",
München 1976

Hans Peter Balmer; „Philosophie der menschlichen
Dinge. Die europäische Moralistik", Bern 1981

Harald Fricke: „Aphorismus", Stuttgart 1984

Gisela Febel: „Aphoristik in Deutschland und
Frankreich", Frankfurt/Main 1985

Klaus von Welser: "Die Sprache des Aphorismus",
Frankfurt/M. 1986

Heinz Krüger: „Über den Aphorismus
als philosophische Form", Frankfurt/M. 1988

Werner Helmich: „Der moderne französische
Aphorismus", Tübingen 1991

Stefan Fedler: „Der Aphorismus. Begriffsspiel zwischen Philosophie und Poesie", Stuttgart 1992

Paul Geyer / Roland Hagenbüchle: „Das Paradox", Tübingen 1992, Würzburg 2002²

Thomas Stölzel: „Rohe und polierte Gedanken. Studien zur Wirkungsweise aphoristischer Texte", Freiburg 1998

Lada Lubimova: „Struktur und Funktion des Aphorismus : eine textlinguistische Studie", Bremen 1998

Robert Zimmer: „Die europäischen Moralisten", Hamburg 1999

Michael Esders: „Begriffs-Gesten. Philosophie als Kurze Prosa von Friedrich Schlegel bis Adorno", Frankfurt/Main 2000

Rüdiger Zymner: „Aphorismus", In: Kleine literarische Formen in Einzeldarstellungen, Stuttgart 2002

Friedemann Spicker: „Kurze Geschichte des deutschen Aphorismus", Tübingen 2007

„Die Welt ist voller Sprüche. Große Aphoristiker im Porträt", Bochum 2010

Rolf Friedrich Schuett : „Aphorismus − Philosophischer Gehalt in literarischer Gestalt", 2019